SOCIÉTÉ D'ÉCONOMIE SOCIALE.

(SESSION DE 1868.)

APPENDICE A LA SÉANCE DU 12 JANVIER 1868.

ENQUÊTE

Sur l'état des familles et l'application des lois de succession

dans les départements

DES BASSES-ALPES, DES HAUTES-ALPES, DES ALPES-MARITIMES, DES BOUCHES-DU-RHONE, DU VAR, DE VAUCLUSE et partie DU GARD,

Faite de septembre 1867 à février 1868.

Par M. CLAUDIO **JANNET**, avocat à Aix,

OBSERVATIONS PRÉLIMINAIRES.

Méthode suivie pour la constatation des résultats de l'enquête.

I. — Quand on cherche à se rendre compte de l'état des familles, on est bientôt amené à déterminer deux ou trois types principaux auxquels tous les régimes domestiques peuvent se rapporter, types que l'on retrouve à peu près identiquement les mêmes dans tous les temps et dans tous les pays, parce qu'ils expriment l'action des mœurs et des lois humaines sur ce fond essentiel de rapports nécessaires à l'homme que nous appelons du nom de famille.

Laissant de côté le type de la *famille patriarcale*, qui aujourd'hui a disparu à peu près complétement de notre civilisation occidentale, et qui, étendant l'autorité domestique et la communauté de vie sur un nombre relativement considérable de générations et de ménages, transformait la famille en clan, nous trouvons deux types principaux entre lesquels se partagent les tendances modernes.

La *famille instable*, dont le nom est assez expressif, et que nous comprenons d'autant mieux que nous la pratiquons beaucoup trop, se constitue uniquement par l'union des deux époux ; elle s'accroît par la naissance des enfants, puis s'amoindrit bientôt à mesure que ces enfants, dégagés de toute obligation envers leurs parents et leurs proches, s'établissent au dehors, en gardant le célibat ou en créant une famille nouvelle. Elle se dissout enfin par la mort des parents, ou, en cas d'une mort prématurée de ceux-ci, par la dispersion des enfants mineurs ; et il ne subsiste plus rien de cette famille, si ce n'est un souvenir qui ne tarde même pas à s'évanouir.

Mais cette famille éphémère et mutilée ne répond pas plus aux nécessités permanentes de la société qu'aux besoins de notre nature. Nous avons dans la pensée un autre type, que nos pères pratiquaient avec honneur, et que nous retrouvons parfois encore à certains foyers que leur force et leur dignité recommandent particulièrement à l'estime publique. M. Le Play a proposé de nommer ce type la *famille souche*, et cette dénomination est aujourd'hui acceptée dans la science sociale, car elle exprime très-bien la fécondité et la stabilité propres à ce régime domestique.

La famille souche associe aux parents un seul enfant marié; elle établit tous les autres, avec une dot, dans un état de parfaite indépendance; elle perpétue au foyer paternel les habitudes de travail, les moyens d'influence et l'ensemble des traditions utiles créées par les aïeux; elle constitue un centre permanent de protection auquel tous les membres de la famille peuvent recourir dans les épreuves de la vie; et elle donne ainsi aux individus une sécurité qu'ils ne sauraient trouver dans la famille instable.

La famille souche suppose la transmission intégrale des biens par succession. La famille instable, au contraire, est généralement produite par l'application du partage égal et forcé entre tous les enfants indistinctement.

L'état moral des familles et l'application des lois de succession ne pouvaient donc être séparés dans ce travail d'enquête.

II. — L'organisation des familles souches se prête au commerce et à l'industrie aussi bien qu'à l'agriculture. Mais comme les populations de la Provence sont presque exclusivement agricoles, nous avons dû étudier principalement les rapports qui existent entre le régime de la famille et les intérêts de l'agriculture. Pour servir d'éclaircissement à ce travail, nous croyons devoir reproduire quelques pages de la *Réforme sociale*, § 34, où M. Le Play décrit avec une remarquable précision les principales formes que peut prendre la constitution agricole d'un pays. Nous fournissons ainsi un moyen facile de contrôler la méthode et la terminologie que nous avons adoptées.

« Les paysans à famille souche ont créé une organisation agri-« cole toute spéciale, qui se représente à peu près avec les mêmes « caractères dans toutes les régions de l'Europe. *Les terres du « domaine forment un ensemble bien aggloméré*, au centre duquel « sont établis l'habitation de la famille, ainsi que les bâtiments né-« cessaires au logement des animaux et à la conservation des « récoltes. Lorsque le climat se prête à la culture des arbres frui-« tiers, l'habitation est entourée d'un verger. Cette disposition est « particulièrement favorable à l'éducation physique des jeunes en-« fants de la famille...... La terre arable, subdivisée selon le « régime d'assolement de la contrée, en deux, trois ou quatre « champs, fournit, sans intervention de jachères, les céréales, les « fourrages artificiels, les racines, les graines oléagineuses, etc..... « Le domaine d'un paysan à famille souche n'est pas seulement un « atelier agricole ; on y exécute toujours les travaux du ménage, « le blanchissage du linge et l'entretien des vêtements ; on y exerce « diverses industries, telles que le tissage des matières textiles, la « confection des vêtements et des outils, etc..... »

Les familles instables ne peuvent pas conserver de domaines agglomérés : leurs tendances sont toutes contraires. Aussi là où le régime du partage égal a prévalu depuis longtemps, trouve-t-on une organisation agricole tout opposée, que M. Le Play propose de nommer *villages à banlieue morcelée*.

« Les populations soumises à ce régime agricole s'agglomèrent « avec leurs bestiaux dans une multitude de bâtiments, groupés en « village au centre du territoire..... Les jeunes gens ne se marient « jamais dans la maison paternelle, et vont même de bonne heure « chercher du travail au dehors, en sorte que les habitations se ré-

« duisent aux proportions strictement nécessaires pour loger deux « époux et leurs jeunes enfants. Le bétail, toujours rare, ne « réclame que des étables de petite dimension. Ces étables ne sont « point ordinairement une dépendance nécessaire des habitations. « Elles s'y réunissent cependant au moyen de rues fort compliquées « qui se prêtent, sous ce rapport, à toutes les combinaisons qu'exige « la composition variable des domaines..... Les simples salariés, « qui ne jouissent pas encore de leur lambeau d'héritage, occupent, « en qualité de locataires, les plus chétifs bâtiments. Ainsi enche- « vêtrées et réduites à ces proportions, les habitations d'hommes « et d'animaux se plient sans résistance à toutes les exigences du « partage forcé et de l'agiotage rural. Quant au territoire dépen- « dant du village, il se prête plus facilement encore à ces mêmes « combinaisons. Lorsque la nature du sol, du climat et des pro- « ductions n'y résiste pas absolument, cette banlieue est débar- « rassée des plantations, des clôtures, des fossés et en général de « tout ce qui pourrait imprimer à un point quelconque un caractère « d'individualité; elle est alors subdivisée en parcelles qui se « comptent par milliers. Celles-ci conservent dans le sens de la « longueur au moins cinquante mètres, car c'est seulement à cette « condition que le travail des animaux de labour reste plus écono- « mique que l'emploi de la bêche. Mais le morcellement est pour « ainsi dire sans limites dans le sens de la largeur, qui se réduit « parfois à quatre ou cinq traits de charrue. Nécessairement « rebelle à toute culture méthodique, cette organisation reste « cependant soumise à un certain art..... Ainsi chaque proprié- « taire ne peut introduire de la régularité dans ses travaux qu'en « acquérant des surfaces à peu près égales dans les diverses ré- « gions d'assolement. Il résulte de là qu'à chaque licitation nou- « velle, toutes les sections d'un domaine doivent se diviser en au- « tant de parts qu'il y a d'héritiers. »

Entre ces deux types extrêmes des domaines agglomérés des familles souches et des villages à banlieue morcelée des familles instables, se placent des combinaisons fort diverses, que provoquent la nature des lieux, les propensions naturelles des héritiers, et, en général, les mœurs locales tendant à restreindre ou à accroître l'instabilité imposée aux familles françaises par la loi actuelle de succession. M. Le Play décrit quatre cas principaux correspondant aux différentes manières dont les domaines agglomérés des familles souches se décomposent sous l'action du partage forcé.

Le premier cas qui se présente dans les montagnes à pentes abruptes, à champs enclos, et à cultures arborescentes, est presque la transmission intégrale. D'accord avec tous les siens, le père donne de son vivant à un enfant associé tout son domaine, à la charge de payer à chacun des autres enfants sa part d'héritage. Pour faciliter cette combinaison, il attribue à l'héritier associé, à titre de préciput et hors part, la quotité disponible ; les autres enfants consentent généralement à recevoir des dots inférieures à la valeur nominale de leur part en nature.

Le second cas qui se retrouve dans des pays où les inconvénients économiques du morcellement des domaines sont moindres, reste plus loin de la transmission intégrale. Le partage égal est imposé par les tribunaux et les hommes d'affaires; mais les pères de famille l'éludent souvent en se concertant avec leur héritier associé, et en employant des manœuvres frauduleuses qui tranchent singulièrement avec l'honorabilité de ceux qui les emploient. Cette réaction des mœurs, qui ne se fonde plus, comme dans le cas précédent, sur des procédés avouables, détruit souvent les bons rapports de parenté : bienfaisante au point de vue de la culture du sol, elle tend, au point de vue moral, à désorganiser la petite propriété.

Dans le troisième cas, le partage en nature des domaines à habitation centrale reste toujours impraticable; mais les intéressés réalisent aisément leur héritage en se partageant le prix offert par des capitalistes pour le domaine paternel. Sous cette influence, la population entière finit par se plier au principe du partage égal. Mais comme les nouveaux acquéreurs ne peuvent tirer parti de leurs propriétés qu'en les affermant, l'ancienne race des petits propriétaires se trouve peu à peu remplacée par une race de petits fermiers.

Enfin le quatrième cas se rencontre dans les contrées éloignées des foyers de commerce, où les populations, ayant adopté les idées émanant de la loi, et ne trouvant point de capitalistes disposés à acquérir les domaines, doivent, à l'ouverture de chaque succession, s'en partager les lambeaux. L'héritier auquel sont attribués les bâtiments en peut à peine faire emploi dans une exploitation réduite, tandis que les autres héritiers sont obligés d'élever sur leurs lots de nouvelles constructions..... Lorsque, pour éviter ces ruineuses constructions, ils se partagent en nature l'habitation et ses dépendances, les familles se trouvent condamnées à une sorte de promiscuité, source permanente de désordres et de conflits.

Nous avons observé presque tous ces types dans les différents départements sur lesquels a porté notre enquête. Quand nous les retrouverons dans le cours de notre travail, nous renverrons à la description sommaire qui vient d'en être donnée.

La distinction des familles en familles *souches* et en familles *instables* présente de grandes difficultés, quand il s'agit non plus de caractériser une famille déterminée, mais de préciser l'état général des mœurs dans une région donnée de la France.

Effectivement la loi du partage égal et forcé, qui régit notre pays depuis soixante-quinze ans, ne permet plus au régime de la famille souche de se maintenir dans aucune localité; en sorte que là où, avant l'application des lois nouvelles, ce régime existait, il y a aujourd'hui lutte entre les mœurs et les lois, lutte qui est plus ou moins accentuée, selon les idées particulières qui prévalent dans telle ou telle famille et selon les conditions économiques générales de la localité. De là, des situations assez diverses, mais qui tendent toutes par des dégradations successives à se rapprocher du régime de la famille instable.

III. — Les types ainsi déterminés, il fallait y rapporter les mœurs observées dans chaque localité, difficulté sérieuse parfois en présence de la désorganisation qui atteint aujourd'hui tous les éléments de la famille. La transmission intégrale étant rendue impossible par la loi actuelle et par la rigueur avec laquelle les tribunaux l'appliquent, le trait le plus apparent de a famille souche disparaît forcément. Pour le reconnaître, j'ai dû interroger en même temps que l'organisation agricole le fond des sentiments et des idées des populations. Je me suis surtout attaché à la persistance des éléments moraux de la famille. Ainsi, j'ai considéré comme familles souches celles où l'autorité paternelle s'est maintenue, où l'esprit de solidarité morale s'est conservé et où l'usage du testament réagit dans une certaine mesure contre la dispersion de la famille et la pulvérisation du sol. Par contre, j'ai rangé dans la région des familles instables, des localités où l'usage du testament s'est encore conservé, mais où il ne sert plus qu'à des préférences personnelles plus ou moins justifiées, sans assurer la perpétuation des traditions domestiques. C'est d'après ces considérations que j'ai classé comme familles souches toute la population des côtes de la Provence adonnée à la pêche et à la marine. Elle ne pratique guère, il est vrai, la transmission intégrale du patrimoine, transmission, du reste, peu nécessaire, car la fortune des pêcheurs se compose uniquement de bateaux ou d'engins que les enfants peuvent se partager également sans inconvénients; mais la profession se transmet de génération en génération, les mœurs sont fortes et pures, le pouvoir du père respecté et le sentiment de la perpétuité et de l'honneur de la famille très-répandu. (Voy. aux Notices sur les différentes localités, département des Bouches-du-Rhône, canton de Martigues, p. 368, et Marseille, p. 375.)

IV. — Un mot encore sur la méthode suivie dans ce travail. J'ai procédé par voie d'enquête et complété les connaissances personnelles que je puis avoir sur le pays en interrogeant plus de cent cinquante personnes compétentes, notaires, juges de paix, grands propriétaires, etc., tous résidant à la campagne et vivant en contact immédiat avec les populations. Après avoir dégagé les principaux résultats constatés, j'ai rédigé, sur les différentes localités des Notices spéciales destinées à mettre en relief les traits principaux de la constitution sociale et de l'organisation agricole. Quoique mon enquête ait porté séparément sur chaque canton, quand la population était assez homogène pour me le permettre, j'ai fait porter ces Notices sur un arrondissement ou même un département entier. Ai-je besoin d'avertir que ce ne sont pas des monographies et qu'elles ne peuvent prétendre à leur rigoureuse précision? Jamais je n'ai mieux apprécié que dans le cours de ce travail la valeur scientifique de la méthode à laquelle la *Société d'économie sociale* doit l'importance et la fécondité de ses études; et mon sincère désir est que cet essai d'enquête décide quelques-uns de mes compatriotes à lui offrir de nouvelles monographies sur les familles ou les communes de la Provence.

RÉSULTATS GÉNÉRAUX

FOURNIS PAR L'ENQUÊTE.

I. Nous avons mentionné, au début de nos observations préliminaires, le type de la *famille patriarcale*, où, non-seulement les générations se perpétuent dans la même habitation et la même profession, mais où encore, — et c'est ce qui la distingue de la famille souche, — le père retient sous son autorité et sur le domaine qui reste indivis tous ses enfants, même mariés. Aucune famille de ce genre n'existe en Provence, et ne paraît même y avoir jamais existé.

Le fond de notre population est gallo-romain ; or, les institutions romaines, qui, une fois vivifiées par le Christianisme, ont été pratiquées jusqu'en 1789, se rapportaient exclusivement au régime de la famille souche et nullement à celui de la famille patriarcale. Ce dernier régime ne s'est propagé en France que dans des populations d'origine celtique ou germanique. Les communautés de laboureurs du Nivernais en sont un exemple très-caractéristique et très-connu. Mais, si haut qu'on remonte dans l'histoire de la Provence, on ne trouve rien de semblable sur son sol. Les invasions des peuples du Nord ont pu laisser dans ses institutions quelques traces curieuses à observer; elles n'ont en rien changé le fond des mœurs.

Avant la Révolution, le pays entier, depuis les Alpes jusqu'au Rhône, et à la mer, suivait le régime de la famille souche. La liberté de tester, telle qu'elle avait été reconnue par les Novelles, en était la base, c'est-à-dire que le père pouvait disposer librement des deux tiers de son patrimoine s'il n'avait pas plus de quatre enfants, et de la moitié s'il en avait un plus grand nombre. Aucun droit de primogéniture ni de masculinité n'était reconnu; seulement plusieurs statuts du moyen âge, confirmés aux Etats généraux du pays en 1472, avaient exclu de la succession de tous les ascendants les filles que leur père avait déjà dotées. La pratique avait, en outre, introduit les substitutions fidéicommissaires, usitées exclusivement dans les grandes familles et les retraits lignagers. Sous l'action de ces lois et sous l'influence des mœurs chrétiennes, la Provence jouissait d'un régime domestique dont Bigot de Préameneu proclamait la supériorité dans l'Exposé même des motifs du Code civil et sur lequel on trouvera les détails les plus précis et les plus probants dans deux notes de M. de Ribbe (t. III des *Ouvriers des Deux Mondes*).

Toutes ces institutions n'étaient cependant pas également bonnes, et les contemporains y relevaient certaines défectuosités; mais il est utile de constater que la réforme leur paraissait devoir développer encore la liberté; on trouve un témoignage de leur sentiment dans ces paroles d'un des jurisconsultes les plus éclairés et d'un des plus grands citoyens du pays, Scipion Dupérier, surnommé le Papinien provençal, alors qu'interrogé, sous le cardinal de Richelieu, sur les moyens de diminuer les procès, il répondit : « *Otez les fidéicommis, les regrez et les suppléments de légitime* » (1).

II. — Les mœurs et coutumes suivies dans les différentes parties de la Provence étaient autrefois à peu près partout les mêmes, car le régime de la liberté testamentaire répondait aux besoins des familles, sans cependant leur imposer un type absolu de transmission. La loi du partage forcé a eu, au contraire, pour effet de créer en Provence plusieurs régions distinctes, suivant la résistance plus ou moins grande des traditions locales et des intérêts économiques qu'elle contrarie par l'inflexibilité de ses dispositions.

Une première région, comprenant le département des Hautes-Alpes en entier, la partie supérieure du département des Basses-Alpes, les arrondissements de Puget-Théniers et de Nice dans le département des Alpes-Maritimes (ces derniers arrondissements

---

(1) Voy. l'*Ancien Barreau et le Parlement de Provence; Correspondance entre Saurin et Décormis*, par M. Ch. de Ribbe, p. 66. — Sur Scipion Dupérier, voy. encore le remarquable discours prononcé par M. Bédarride à la rentrée de la Cour de cassation, le 4 novembre 1867.

Les *regrez* sont une institution étrangère à la matière des successions. C'était le retour fait sur sa renonciation par le titulaire d'un office ou d'un bénéfice.

ayant eu jusqu'en 1861 le bénéfice du Code sarde), s'appuyant à la grande chaîne des Alpes et se continuant au Nord dans la partie montagneuse des départements de l'Isère et de la Drôme (1), présente, autant qu'il est possible sous l'empire du Code Napoléon, les mœurs de la famille souche; elle doit être rapportée au premier et au deuxième cas de désorganisation des familles souches. La population qui l'habite, en lutte avec la stérilité du sol et la rigueur du climat, a conservé les vertus domestiques, les traditions religieuses, les habitudes de travail et d'économie; de plus, les conditions de l'agriculture se refusent à une trop grande division du sol : c'est la région des montagnes pastorales. Une émigration périodique et normale y favorise la transmission intégrale; enfin, le défaut de voies de communication, l'aversion que les fonctionnaires étrangers témoignent pour ce séjour et qui a pour résultat de faire confier en général les fonctions publiques aux gens du pays, ont contribué à la conservation des anciennes mœurs.

En dessous de cette région, s'en étend une autre qui comprend la partie inférieure du département des Basses-Alpes, l'arrondissement de Grasse dans les Alpes-Maritimes, la majeure partie du département de Vaucluse, quelques cantons du département des Bouches-du-Rhône, et qui doit être classée dans le deuxième et le quatrième cas de désorganisation des familles souches. Le vieux fond de mœurs et de vertu provençale y maintient encore les bonnes traditions et conserve au cultivateur chef de famille une dignité basée uniquement sur les sentiments moraux et qui relève singulièrement les labeurs de sa profession; mais la transmission intégrale y est impossible en présence des influences plus actives qui propagent le partage égal, du rapprochement des villes et de l'action des capitaux cherchant des placements; d'ailleurs, les cultures arborescentes, qui sont plus riches, souffrent moins de la division. De plus, il n'y a pas d'émigration périodique; les familles ruinées vont seules grossir la population urbaine. On se borne à attribuer un préciput à l'enfant qui s'établit dans la maison paternelle.

(1) Pour ce département, voir l'enquête spéciale faite par M. Helme, juge suppléant à Valence, publiée dans le 11e numéro du *Bulletin* de 1867.

Enfin, la troisième région s'étend autour des grandes villes, Marseille, Aix, Toulon, Avignon, et comprend tout le département du Var, une partie notable des Bouches-du-Rhône et de Vaucluse. C'est la région des familles instables. Des causes assez diverses ont favorisé l'application du Code Napoléon et lui ont permis de porter tous ses fruits. Les grandes villes, livrées complétement à la pratique du partage forcé, ont naturellement répandu leurs idées et leur influence, surtout elles ont propagé le luxe. Les Notices spéciales montreront le degré de démoralisation où tombent les populations rurales qui laissent s'introduire dans leur sein les goûts ruineux et les plaisirs immoraux des villes. Déjà dans bien des localités avancées dans cette voie de corruption, on voit apparaître la stérilité systématique.

Dans le voisinage immédiat des grandes villes, la désorganisation des familles de *ménagers* (paysans propriétaires) a eu pour effet de faire passer la propriété des mains des cultivateurs à celle des bourgeois habitant les villes et de réduire les anciens propriétaires à la condition de fermiers (troisième cas de désorganisation des familles souches).

C'est qu'en effet la petite propriété a encore moins de ressources que la grande pour se défendre contre les conséquences du partage forcé, et pour elle surtout la réforme est urgente. La remarque en a déjà été faite plusieurs fois; nous croyons à notre tour le démontrer avec évidence dans la suite de ce travail, et nous prions particulièrement nos lecteurs de vouloir bien se reporter à la Notice spéciale au département de Vaucluse (§ 1), où nous avons essayé de traiter cette importante question avec les développements qu'elle comporte.

La population maritime, ai-je dit, a retenu généralement les bonnes mœurs du passé. L'institution des prud'hommes pêcheurs, tribunal souverain élu par toute la communauté et qui existe jusque dans les plus petits ports, continue à leur assurer le bienfait des meilleures traditions corporatives du XIIIe et du XIVe siècle; elle est pour beaucoup dans cette conservation des bons principes. Puis, les dangers que ces hommes courent sans cesse, et au milieu desquels, ils passent la majeure partie de leur existence, élèvent naturellement leur cœur vers le Dieu des tempêtes et les consolantes assurances d'une vie future.

Il résulte d'une façon générale de ce qui précède que les pays auxquels la Providence a accordé la situation la plus heureuse et les productions les plus riches sont ceux où le luxe et la démoralisation pénètrent le plus promptement, tandis que les populations obligées de lutter contre l'aspérité de la nature conservent davantage les habitudes de travail et de vertu. Cependant cette règle est loin d'être sans exception, et les Notices spéciales montreront, par l'exemple de plusieurs localités où le progrès matériel n'a pas altéré les bonnes mœurs, que, si la désorganisation sociale suit souvent le développement de la richesse, elle n'en est pas une conséquence fatale.

III. — Le régime de transmission intégrale absolue, qui est le trait le plus caractéristique de la famille souche, ne se rencontre guère en Provence que dans les hautes vallées des Alpes. Partout ailleurs il y a lutte entre des tendances contraires.

C'est ici le lieu de remarquer le peu d'homogénéité de la constitution de l'agriculture en Provence. A peu près partout, les deux organisations opposées, à savoir celle du domaine aggloméré et celle de la banlieue morcelée, exploitée par des propriétaires résidant dans le village, existent concurremment et sont singulièrement enchevêtrées. Un certain nombre de domaines moyens (*mas, jas, bastides*), sont répandus dans la campagne au milieu de terres possédées par les villageois ; généralement les terres de cette dernière catégorie forment la majeure partie du territoire.

Cet état de choses complique les difficultés de l'observation ; il explique aussi la propagation des nouvelles lois de succession plus rapide qu'on ne s'y serait attendu, en voyant la Provence si fidèle sous d'autres rapports aux meilleures traditions du passé. Effectivement, la banlieue morcelée se prête tout naturellement au partage égal et forcé. Les propriétaires de domaines agglomérés résistent plus longtemps ; mais, quand dans une localité un courant d'opinion s'est une fois formé, des familles isolées ne peuvent plus maintenir contre la loi générale une pratique particulière.

L'organisation des villages à banlieue morcelée remonte fort haut et se rattache à des causes historiques trop longues à déduire ici. Depuis un demi-siècle, le développement des voies de communication et surtout la sécurité matérielle toujours croissante favorisent l'établissement de constructions, dispersées dans les campagnes et situées au centre des exploitations. La population habitant le village décroît et se compose peu à peu exclusivement de journaliers et de petits commerçants. Cette tendance, sensible surtout dans les riches plaines de la vallée de la Durance, n'agit qu'avec une grande lenteur et ne pourra de longtemps modifier d'une manière appréciable l'organisation agricole. Les constructions du village représentent en effet un capital relativement considérable que les populations ne peuvent pas sacrifier tout d'un coup. — Cette tendance est, du reste, entravée partout, neutralisée complétement même dans certaines localités, par l'application du partage en nature ; à mesure que les domaines se morcellent, les petits propriétaires, dont les parcelles sont souvent distantes de 8 à 9 kilomètres, abandonnent la campagne pour venir habiter le village.

Un certain nombre d'établissements industriels sont répandus dans le pays : Marseille est cependant le seul centre industriel important et compacte ; les chantiers maritimes de la Seyne et de la Ciotat peuvent être considérés comme des dépendances de son port.

IV. — Quand on étudie le fond des mœurs, un des points les plus délicats est l'appréciation du rôle que la femme joue au foyer, et en particulier de l'influence que la mère devenue veuve exerce sur ses enfants. Il y a même sur ce point dans les mœurs des familles souches, selon les pays, des différences fort importantes à signaler. (Voy. *Réforme sociale*, § 30.)

Aujourd'hui, en Provence, même dans les localités qui pratiquent encore la transmission intégrale, on doit constater que la mère est fort peu associée au pouvoir du père et en tout cas n'exerce pas ce pouvoir quand il vient à mourir. Il y a là un symptôme profondément caractéristique et qui révèle tout le changement opéré dans les mœurs. M. Ch. de Ribbe, dans des études très-multipliées sur la famille en Provence pendant le moyen âge et l'ancien régime, études dont nous espérons qu'il voudra bien faire jouir un jour le public, a constaté que jusqu'à la Révolution la situation de la mère dans la famille était très-élevée dans toutes les classes de la société, et que la plupart du temps, à la mort du père, elle continuait à diriger les enfants et à les grouper autour d'elle. La famille Du Laurens, dont il a publié l'histoire authentique, est un exemple remarquable de ces mœurs (1).

Aujourd'hui il en est tout autrement : la cause de ce changement se trouve dans l'affaiblissement du sentiment religieux.

Depuis la Révolution, la foi va peu à peu disparaissant, et la pratique des préceptes religieux devient de plus en plus rare. Les tristes conséquences ne s'en font sentir nulle part plus que chez les paysans. L'intelligence des choses au-dessus de leurs occupations matérielles s'affaiblit, et les sentiments délicats de l'âme font place aux instincts brutaux. Naturellement l'épouse et la mère en sont les premières victimes; elles redescendent peu à peu à cet état d'infériorité morale où le paganisme les retenait et d'où le Christianisme les avait relevées.

Pour prévenir la pénible situation où se trouverait la veuve, les chefs de famille de toutes les classes, depuis le riche négociant marseillais jusqu'au petit cultivateur, disposent en faveur de la femme de l'usufruit de la moitié de leur fortune. Souvent, surtout chez les paysans, il est stipulé que la veuve conservera la jouissance de l'habitation. La quotité disponible envers les enfants se trouve alors réduite à un quart en nue-propriété (Code Napoléon, art. 1094). Le Code civil, en refusant à l'époux survivant tout droit même de simple jouissance sur la succession de son conjoint, a froissé les mœurs chrétiennes et chevaleresques de la France. La pratique des pays du Midi se rapprochait sur ce point de celle des pays du Nord, où régnaient la communauté et le douaire. Par dérogation au Droit romain, on avait admis un *augment de dot* qui équivalait au douaire coutumier.

Les dispositions des particuliers reviennent à établir cet état de choses; mais rien ne serait mieux justifié qu'un droit légal de jouissance sur la fortune du mari au profit de la veuve non remariée.

Le régime dotal tend à disparaître graduellement; il se maintient

---

(1) *Une Famille au XVIe siècle*, par Ch. de Ribbe, Paris, Albanel, 1867.

encore chez les négociants notables et les propriétaires fonciers un peu importants, mais la classe moyenne et les paysans propriétaires l'abandonnent de plus en plus. Les paysans et les artisans des Bouches-du-Rhône et de Vaucluse pratiquent presque tous aujourd'hui la communauté légale. Ils n'aiment pas à être gênés par les entraves du régime dotal et y trouvent l'avantage de ne pas faire les frais d'un contrat au moment de leur mariage (1). Dans les départements du Var, des Alpes-Maritimes, des Hautes et des Basses-Alpes, le régime dotal continue à demeurer en vigueur, même chez les paysans. Parfois, on le tempère heureusement en permettant au mari de rendre les immeubles dotaux sauf remploi.

Même dans les localités où l'usage d'avantager un des enfants s'est conservé, les mères sont beaucoup moins portées que les pères à user de la quotité disponible. M. de Ribbe, dans les études auxquelles nous faisions allusion plus haut, a observé déjà cette tendance sous l'ancien régime. Elle avait alors peu de conséquences pratiques, par la raison que la dot des femmes se réduisait à un pécule. Aujourd'hui où les biens des femmes sont aussi importants que ceux des hommes, elle en a de très-importantes et contribue beaucoup à la propagation du partage égal.

V.—Après l'altération profonde de la position de la mère de famille, le changement opéré dans les mœurs sous l'influence du Code civil se fait surtout sentir dans les rapports des frères et des sœurs. Dans tous les pays à famille souche, et autrefois en Provence, les frères restaient unis non-seulement par des liens d'affection, mais surtout

---

(1) Deux exemples montreront à quel point le régime dotal est abandonné dans le département des Bouches-du-Rhône. M. Frédéric Billot, avocat à Arles, a bien voulu relever à la mairie de cette commune, qui compte 26,000 habitants, les mariages où l'on avait déclaré un contrat et ceux où aucune déclaration n'avait été faite. Dans les années 1863, 1864, 1865 et 1866, il s'est célébré annuellement 200 mariages, sur lesquels on ne compte que 17, 20, 21, 22 unions contractuelles, soit 20 année moyenne. Les autres sont des mariages avec communauté. — A Aubagne, petite ville de 7,000 habitants, il y a eu, en 1866, 58 mariages dont 13 avec contrats et 45 sans contrats.

par un sentiment très-vif de l'unité morale de la famille et des devoirs du sang. Le frère célibataire ou malheureux avait, de par les mœurs, un droit très-réel à venir s'asseoir au foyer de celui qui, sans exercer aucune tutelle sur sa conduite, n'en était pas moins demeuré le chef de la maison comme l'héritier et le continuateur de la personne du père. Sur ce point les idées des paysans étaient les mêmes que celles de la plus haute noblesse. Aujourd'hui ces sentiments et jusqu'à la notion de ces devoirs ont disparu, si ce n'est dans les rares localités où le régime ancien s'est maintenu dans sa pureté.

Partout ailleurs, même dans les pays que j'ai placés dans la deuxième région et où l'usage du testament et des legs préciputaires s'est maintenu, les frères deviennent étrangers les uns aux autres après la mort du père, à moins qu'une amitié favorisée par les circonstances ne les unisse. L'idée d'une cohabitation ne leur vient même pas, et celui à qui la fortune n'a pas souri n'a plus rien dans la suite à attendre des siens. Sous ce rapport, les paysans ne le cèdent pas en égoïsme aux bourgeois. Le Code civil, en posant le principe du droit égal et absolu des enfants sur le patrimoine paternel, a du même coup brisé tout lien de solidarité entre eux ; du moment qu'ils ne doivent plus rien à leur auteur commun, mais sont investis d'un droit personnel qu'ils tiennent de la société, il n'y a plus de fondement pour une obligation morale réciproque. C'est ainsi que la famille s'est simplifiée, selon l'expressif euphémisme d'un sceptique contemporain.

VI. — L'enquête, dont les résultats sont consignés dans cette note, m'a démontré que le Code Napoléon commence à peine à produire ses fruits dans nos pays.

Pendant une ou deux générations, on a lutté contre son application, qui répugnait aux traditions et aux idées reçues ; c'est seulement la génération actuelle qui est pleinement imbue de son esprit et qui va en pousser l'application jusqu'à ses dernières limites.

Cette lutte des deux générations précédentes en a paralysé notablement les effets et a pu faire illusion sur sa véritable portée. Déjà cependant on peut l'apprécier en étudiant les populations que j'ai comprises dans la troisième région (Voy. plus haut n° II), et qui le pratiquent depuis un certain nombre d'années.

Leur situation morale est faite pour préoccuper les hommes dévoués au pays, et j'ai fréquemment rencontré l'expression de douloureuses prévisions dans les conversations que j'ai eues, à l'occasion de cette enquête, avec les hommes placés en contact immédiat avec elles.

Nos révolutions successives ont répandu dans les campagnes l'irréligion et l'antagonisme social.

Depuis quinze ans surtout la démoralisation a fait des progrès effrayants, grâce à la multiplication des cabarets et des journaux corrupteurs. Puis, il faut le dire, l'exercice des plus légitimes influences est trop souvent paralysé et le champ laissé libre à toutes les passions haineuses !

Pour l'observateur qui voit les choses d'un peu haut, cette désorganisation de la famille est pour beaucoup dans les souffrances de l'agriculture qui se révèlent aujourd'hui à l'état de *crise* et qui menacent de se perpétuer dans un malaise chronique. Après les charges de l'impôt et de la conscription, après le drainage de capitaux par les emprunts publics et par les sociétés financières, c'est certainement une des causes les plus actives de l'épuisement des forces vitales du pays. Là où l'homme, le premier agent de toute production, s'affaiblit et dégénère, à quoi servent une pratique culturale perfectionnée, une meilleure viabilité et des débouchés plus abondants?

En lisant les Notices spéciales, on pourra s'étonner des différences signalées fréquemment sous le rapport des sentiments religieux, des habitudes morales, particulièrement de la fécondité du mariage entre des localités qui sont voisines et placées dans des conditions matérielles identiques. Ces oppositions existent très-réellement, et en passant d'un village à un autre, on voit souvent l'irréligion, l'antagonisme social, la corruption succéder à des mœurs fort recommandables. On en découvre facilement la cause, en interrogeant l'histoire contemporaine des localités : tout tient à des influences qui se sont employées soit pour le bien, soit pour le mal. La responsabilité des classes supérieures n'est nulle part plus grande et plus reconnaissable que dans les campagnes. Leurs enseignements, leurs exemples se traduisent immédiatement en faits. Une seule famille qui pratique les vertus chrétiennes et sociales, pour peu que par sa position elle soit en évidence, suffit pour neutraliser dans une population entière toutes les excitations venues du dehors ; tandis que les mauvais exemples d'un grand propriétaire, les conseils immoraux d'un homme de loi ou d'un médecin, répandent des vices et des ferments de haine dont ensuite les nouvelles générations s'imprégnent en arrivant à la vie.

VII. — Après avoir indiqué la désorganisation de la famille et des relations privées par le faux régime successoral contre lequel luttent les populations rurales de la Provence, nous devons signaler le contre-coup de cette désorganisation dans les relations de la vie publique. Là encore l'observation démontre qu'en affaiblissant la famille, on a du même coup abaissé le niveau social et le rôle politique des cultivateurs.

L'ancienne constitution provençale, conforme en cela aux institutions libérales communes à toute l'Europe jusqu'au XVIIe siècle, était basée sur la représentation pondérée de toutes les classes de la société, et elle n'avait eu garde de négliger les *ménagers* ruraux. Anciennement ils formaient dans l'État un ordre distinct de la bourgeoisie urbaine ; plus tard, leurs représentants composèrent la majorité de l'assemblée des communautés de Provence, corps électif à qui appartenait la haute direction des affaires provinciales. Dans le cercle des affaires purement locales, les ménagers dirigeaient eux-mêmes les communautés rurales ; même dans les villes, un certain nombre de siéges leur étaient assurés dans les assemblées municipales ordinaires, parfois même une des places de consuls leur était réservée ; enfin ils avaient une large part d'influence dans les *conseils généraux de tous les chefs de famille*, intelligente application du suffrage universel qui suppléait très-avantageusement le contrôle de l'administration supérieure et qui était le droit commun de toutes les villes du Midi. Cette participation à la vie publique supposait chez les paysans une dignité sociale et une culture intellectuelle que les familles souches pouvaient seules assurer ; elles créaient dans la classe rurale des situations stables et indépendantes, surtout elles faisaient de chaque foyer une école de traditions et d'intelligence des affaires ; par là elles formaient des hommes dignes de pratiquer le gouvernement du pays par lui-même.

L'Assemblée constituante, au lieu de dégager de ces anciennes institutions l'admirable esprit de liberté pratique qui y régnait en les harmonisant avec les besoins nouveaux, partit malheureusement de principes abstraits et rejeta complétement cette représentation pondérée de divers intérêts. Les institutions qu'elle improvisa eurent pour résultat de mettre tout entre les mains des classes moyennes, à l'exclusion de la noblesse et des paysans. Dans bien des localités, ces classes n'ont pas abusé de la situation, mais il en est d'autres où elles ont employé à leur profit la part de pouvoir que la bureaucratie leur laissait : leur domination est alors devenue odieuse aux masses, et aujourd'hui il est bien des pays où les élections locales sont en quelque sorte des représailles, par lesquelles les paysans, forts de leur nombre, excluent systématiquement toute supériorité sociale ou intellectuelle.

Malheureusement ces paysans n'ont plus les aptitudes de leurs pères ; le régime de la famille instable détruit chez eux l'esprit de tradition et les habitudes d'initiative ; il a aussi affaibli la culture intellectuelle, malgré tous les efforts faits par l'administration supérieure pour propager l'instruction primaire ; en sorte que dans bien des campagnes les hommes font aujourd'hui complétement défaut à la gestion des affaires communes.

VIII. — Une réforme des lois de succession serait accueillie avec bonheur par tous les chefs des familles agricoles de la première et même de la seconde région ; ses bienfaits seraient immédiats : on verrait s'arrêter la désorganisation des domaines et la déperdition des forces agricoles. Encouragés par l'espérance de créer une œuvre durable, les cultivateurs redoubleraient d'efforts ; l'émigration se régulariserait et n'enverrait plus dans les grandes villes que l'excédant de la population. On ne verrait plus diminuer le nombre des feux dans les campagnes, et les villes ne recevraient que des émigrants élevés à une forte école morale, au lieu de se voir envahies par des familles ruinées et rendues incapables d'un travail fécond.

Le grand argument des adversaires de la réforme consiste à nous opposer le peu d'effet que produit l'usage de la quotité disponible, là où il s'est maintenu, et l'insouciance des pères de famille relativement à l'exercice de leur droit.

Ce peu de résultats s'explique par l'insuffisance de la quotité disponible. Effectivement, le cultivateur n'a pas à offrir un avantage assez grand à celui des enfants qu'il désire s'associer pour le décider à se fixer avec lui (Voy. surtout la Notice spéciale au département des Basses-Alpes, § 2). Il attend donc à son foyer l'heure où la vieillesse et les infirmités l'obligent à renoncer au travail. Il fait alors à ses enfants une donation portant partage, se met par là complétement à leur merci; car l'effet d'un pareil acte est subordonné au consentement de tous les enfants, et ils ne l'accordent généralement pas quand un avantage est fait à l'un d'eux. Par là s'expliquent l'abstention de beaucoup de pères de famille et généralement l'insignifiance des résultats produits par l'usage du testament.

Deux autres causes viennent encore paralyser les efforts des pères de famille, en les empêchant de réaliser les économies qui leur permettraient de doter convenablement ceux des enfants qui ne succèdent pas au principal établissement, et de concilier ainsi leur affection pour tous avec la nécessité de la transmission intégrale. Voici ces causes :

Le plus légitime désir d'un père qui a une fortune modique est d'arracher ses fils à la conscription. Or, depuis 1855, le prix moyen de l'exonération militaire a été de 2,500 francs. Cette somme, qu'une famille riche paye facilement même à plusieurs reprises, est énorme pour le paysan petit propriétaire et elle absorbe en entier les économies qu'il peut faire pendant toute une vie de travail sur le domaine où il élève une famille généralement nombreuse. Aussi ne lui reste-t-il pas d'argent pour doter ses filles. Le prix de l'exonération joue un grand rôle dans les testaments des paysans et est forcément imputé sur la quotité disponible ; mais alors il n'y a plus moyen d'éviter le partage en nature.

Reste-t-il dans la succession quelque somme d'argent ou quelques valeurs mobilières, elles doivent servir avant tout à acquitter les droits de mutation par décès, impôt toujours trop élevé pour être payé sur les revenus et qui d'ailleurs est exigible dans les trois mois sous peine de doubles droits (1). Heureux les héritiers quand ils ne sont pas obligés d'emprunter pour éviter les poursuites du fisc!

Il y a là deux causes constantes qui empêchent l'accumulation des capitaux pour la petite propriété et qui achèvent de désorganiser les familles souches.

Dans les localités où le régime de la famille instable a prévalu absolument, une plus grande liberté de disposer donnée aux pères ne produirait pas d'effets immédiats. Le sentiment de la responsabilité individuelle et de la fonction sociale de la propriété a disparu trop complétement. On doit même prévoir que, quelquefois, un mauvais usage serait fait de cette liberté, et que l'on verrait se produire les dissensions domestiques que tant de gens redoutent. Ces inconvénients, inhérents aux imperfections humaines, ne sauraient être mis en balance avec les désordres autrement graves causés par la contrainte légale qui pèse aujourd'hui sur les familles. D'ailleurs la même objection pourrait être faite à toutes les réformes qui font appel au libre développement des droits individuels.

A ce sujet, l'enquête que j'ai faite m'a démontré que ces dissensions s'élevaient seulement dans les familles instables, parce qu'alors l'avantage fait par les parents à un de leurs enfants est justifié uniquement par des raisons personnelles plus ou moins contestables; tandis que là où le régime de la famille souche est établi, une raison économique évidente désigne l'héritier associé et fait reconnaître sans murmure l'avantage qui lui est fait. Ce sont les mauvaises mœurs qui font naître les dissensions domestiques, et la loi qui empêche de réprimer ces mœurs est la cause première de ces désordres.

D'ailleurs, en Provence, même dans les localités où le partage égal et en nature a prévalu, le nombre des familles isolées qui persévèrent à pratiquer la transmission intégrale, au moins dans

---

(1) Voy., sur les droits de mutation, les sages réflexions que J.-B. Say faisait peu d'années après l'établissement du nouveau système fiscal (*Traité d'économie politique*, liv. III, chap. 9). L'expérience en a démontré pleinement la vérité.

certaines limites, est relativement assez considérable. La réforme des lois de succession leur permettrait de se maintenir, de se développer, de se placer à la tête de la population, tandis que les mauvaises pratiques achèveraient de conduire à la ruine les familles instables. Ces exemples, au bout de quelques générations, pourraient redresser les fausses idées et les mauvaises mœurs.

IX. — Les Notices spéciales qui vont suivre s'appliqueront exclusivement aux propriétaires cultivant eux-mêmes leurs terres, c'est-à-dire à la classe la plus nombreuse et la plus intéressante de la population, à celle où toutes les autres se recrutent et se retrempent. Liée au sol, elle est fortement influencée par les conditions économiques de la localité qu'elle habite; la perturbation apportée dans leurs conditions d'existence par le régime du Code présente donc des aspects très-variés.

Les classes supérieures, au contraire, par suite de la mobilité de leurs résidences, d'une éducation semblable, enfin du développement de plus en plus grand de la fortune mobilière, se soustraient à peu près complétement aux influences locales. Elles sont ainsi plus portées à accepter le nivellement, qui, d'ailleurs, est le but poursuivi par la loi actuelle des successions. Quoique leurs pratiques soient plus difficiles à observer et que les considérations personnelles aient toujours dans leurs actes une part plus grande, on peut cependant indiquer leur situation et leur esprit en quelques traits généraux.

L'ancienne aristocratie provençale, presque toute de noblesse de robe, est grandement déchue et elle paraît même l'être davantage que celle des autres provinces. Généralement peu riche, elle recherche les fonctions publiques. L'aîné persiste à être avantagé dans quelques familles; mais dans la majorité on pratique le partage égal: du reste, une rapide décadence les atteint et les ruine. Bien peu ont le courage d'aller retremper leurs forces et réparer leur fortune dans la vie rurale, malgré quelques exemples qui prouvent que la résidence des propriétaires fonciers est aussi utile à leurs propres intérêts qu'à la bonne harmonie sociale. Un nombre assez considérable de familles bourgeoises qui, en 1789, tenaient déjà la tête du Tiers, forme, avec les débris de l'ancienne noblesse, la classe des grands propriétaires fonciers. Les habitudes de transmission intégrale y sont peu répandues, surtout dans les départements des Bouches-du-Rhône et de Vaucluse ; dans le Var et les départements des Alpes ces familles ont conservé davantage les anciennes mœurs.

Au commencement de ce siècle, il n'était pas de village où l'on ne comptât un certain nombre de familles nobles ou bourgeoises qui, tout en surveillant l'exploitation de leurs domaines et en dépensant honorablement sur les lieux leurs revenus, s'occupaient des affaires communes et propagaient chez les paysans une certaine vie intellectuelle et morale plus relevée. Aujourd'hui, ces familles ont complétement disparu pour aller s'établir dans les grandes villes. Leurs habitations, qui appartiennent généralement à la noble architecture du XVIIe siècle, sont divisées par étages à de misérables familles de journaliers ou converties en étables. Une seule famille bourgeoise demeure cependant au village, c'est celle du notaire. L'érection en titre d'office de ces fonctions a eu pour résultat de permettre aux notaires de se constituer en familles souches, et on les voit encore dans beaucoup de localités se transmettre leur office depuis bien des générations.

Les notaires appartenant à ces familles ont généralement conservé de bonnes mœurs, et exercent une influence salutaire sur les populations rurales, dont ils sont les conseillers naturels et avec lesquelles ils entretiennent des rapports permanents de patronage. Malheureusement, ils sont obligés d'appliquer dans leurs actes les principes du partage forcé, quoique souvent leur bon esprit y répugne ; de plus, les lois fiscales, par une série de dispositions fort habiles, se servent de leur ministère pour assurer le recouvrement des droits de timbre et d'enregistrement. Néanmoins, la réforme préconisée par certains publicistes, et qui aurait pour objet de supprimer l'hérédité de leurs offices et de conférer leurs fonctions à des employés nommés par l'État, me paraîtrait avoir des effets désastreux. Elle détruirait la dernière situation indépendante qui existe dans le village, pour la remplacer par un nouveau rouage administratif qui exagérerait encore les exigences fiscales et achèverait de désorganiser les familles.

La bourgeoisie des villes est en plein dans le régime de la famille instable, sauf quelques familles isolées ; mes recherches ne m'ont jusqu'à présent fait découvrir aucun groupe pratiquant franchement la transmission intégrale. Cependant dans la petite bourgeoisie d'Avignon, l'usage traditionnel d'avantager l'aîné paraît s'être un peu plus conservé que dans les autres villes du Midi. Cette bourgeoisie est, du reste, remarquable par sa moralité. (Voy. encore la Notice spéciale sur l'arrondissement de Grasse, Alpes-Maritimes).

Cet abandon des anciennes mœurs dans la classe supérieure et dans la classe moyenne tient à beaucoup de causes. Le développement de la bureaucratie y a contribué notablement. Presque toujours étrangers au pays et obligés par les nécessités de l'avancement de parcourir la France d'un bout à l'autre, les fonctionnaires publics ont forcément les mœurs de la famille instable. Dans les petites localités ils jouissent d'un prestige qui facilite beaucoup la propagation de leurs exemples ; aussi la région des familles souches va toujours se resserrant à mesure que leur influence s'étend.

NOTICES SPÉCIALES.

Département des Basses-Alpes.

Superficie territoriale, 740,893 hectares dont 225,000 seulement sont en culture ; le reste en pâturages assez maigres, en bois peu productifs ou en rochers complétement stériles.

Le domaine de l'Etat et des communes est très-considérable, surtout dans la partie supérieure. On m'a cité une commune des environs de Sisteron qui, tous ses impôts payés, distribue encore une petite somme par feu sur le revenu de ses communaux (1).

La population totale est de 143,000 habitants (recensement de 1866). Les villes en absorbent une très-petite partie : la plus importante, Manosque, a à peine 5,000 âmes de population agglomérée. Digne, le chef-lieu du département, de 4,500 à 5,000 ; Castellane, Forcalquier, Valensolle, Sisteron, Barcelonnette, de 3,000 à 1,500. Le reste de la population est répandu, soit dans des domaines agglomérés, soit dans des villages à banlieue morcelée, selon l'organisation signalée plus haut.

Le régime de la famille souche domine dans tout le département. L'héritier associé, généralement l'aîné, mais au besoin tout autre enfant, est désigné par l'expression caractéristique de *soutien de maison* ; lui seul porte le nom de maison ; les autres enfants, même une fois mariés et établis, ne sont désignés que par leur prénom (2);

---

(1) Dans le seul arrondissement de Barcelonnette, sur une superficie totale de 115,156 hectares, on compte 38,211 hectares de pâturages communaux ; les particuliers n'en ont que 20,408.

(2) Cet usage est répandu dans toute la Provence, même dans les localités où le régime de la famille souche a disparu ; le langage conserve ainsi des traces curieuses de l'ancien état social ; quant au *vous* réservé à l'aîné, cette marque d'autorité ne se retrouve guère que là où les anciennes mœurs sont réellement conservées.

ses frères et sœurs lui disent *vous*, tandis que lui-même les tutoie. Tous les chefs de famille luttent contre la loi du partage forcé qui entraîne leur ruine; mais cette lutte revêt des aspects assez différents selon les localités.

§ 1er. — ARRONDISSEMENTS DE BARCELONNETTE ET DE CASTELLANE.

Dans les arrondissements de Barcelonnette, de Castellane, dans la partie supérieure de ceux de Digne et de Sisteron, on observe un état social qui peut donner dans nos pays la plus juste idée de ce que sont les familles souches, et qui est d'autant plus remarquable que les conditions matérielles dans lesquelles sont placées ces populations sont plus difficiles.

Dans cette région une transmission à peu près intégrale est pratiquée au moyen de la combinaison suivante : le père commence par disposer en faveur de l'héritier associé de toute la quotité disponible, augmentée au besoin par des simulations et des estimations inférieures, etc. Puis, le *soutien de maison* dote lui-même ses frères et sœurs jusqu'à concurrence de leur part, en sorte que, quand la succession s'ouvre, ceux-ci se trouvent désintéressés et le domaine est conservé intégralement par l'héritier. En réalité, les dots sont fournies par le travail commun du père et de l'héritier associé; mais c'est ce dernier seul qui figure dans l'acte de constitution. Souvent, cette dot est de beaucoup inférieure à la valeur de la part en nature; mais les cadets s'en contentent, d'autant mieux que l'agriculture s'exerce dans des conditions si pénibles qu'un pécule qu'ils peuvent emporter en émigrant leur est beaucoup plus utile.

De tels procédés supposent des habitudes de travail et de parcimonie remarquables. Ces populations dépassent effectivement sous ce rapport tout ce qu'on peut imaginer.

Le climat de cette région est extrêmement rude et les productions ne sont nullement celles qui font la richesse de la Provence. La culture des céréales et l'élève du bétail sont les seules ressources du pays.

Dans les hautes vallées les cultivateurs sont obligés de se grouper dans des villages pour pouvoir se porter secours pendant l'hiver. Les domaines appartiennent à la petite ou à la moyenne culture, mais sont relativement plus étendus que ceux de la partie basse du département. Il n'y a d'ailleurs pas grande différence d'habitudes entre les diverses classes d'habitants. Aussi l'harmonie sociale y est-elle très-suffisante.

Les mœurs y sont fortes et pures, le sentiment religieux y est très-vivace et avec lui l'esprit de famille. C'est peut-être la seule partie de la Provence où le côté moral de la famille souche subsiste dans sa pureté, c'est-à-dire où les frères et sœurs malheureux soient encore sûrs de trouver un refuge au foyer paternel soutenu par l'héritier. La position de la mère de famille veuve est ce qu'elle doit être, et le mari, pour lui assurer une existence honorable dans la maison, lui lègue, — indépendamment de toutes ses reprises, — l'usufruit du préciput attribué à l'héritier, mais avec cette clause, qui caractérise bien les sentiments des familles souches, à savoir que cet usufruit ne vaudra qu'autant qu'elle serait obligée de se séparer d'avec celui de ses fils qui est fait héritier. Celui-ci est intéressé à respecter sa mère, et la division des intérêts de la famille est prévenue autant que possible.

L'instruction primaire est très-répandue, grâce aux longs loisirs de l'hiver. L'étranger qui parcourt ces vallées est surpris de voir tous les habitants sans exception parler correctement le français, savoir lire, écrire, calculer et mettre l'orthographe. Les femmes ne le cèdent pas aux hommes, et l'on assure qu'une jeune fille qui ne sait pas lire et écrire trouve difficilement à se marier. Les enfants puisent ces notions aux écoles, mais il les doivent surtout à l'enseignement domestique. Aux veillées du soir on lit et l'on *cause* dans ces familles de montagnards. Les lectures, tirées de la Bible et de la Vie des Saints, inspirent dans le cœur de la jeunesse les principes de morale qui sont la base de l'éducation, en même temps qu'elles développent l'instruction. Aucune contrainte légale ne pourrait obtenir des résultats approchant de ceux que produit dans ce pays le sentiment public et la bonne constitution de la famille.

Les familles sont très-fécondes, mais cette fécondité n'est pas une difficulté, car dans ces contrées l'émigration est un fait régulier et normal : chaque année l'excédant de la population émigre, non-seulement à Marseille ou à Paris, mais encore au Mexique. La vallée de Barcelonnette notamment a une colonie fort importante à Mexico, et chaque village reste en communication constante avec ses émigrés. Les nouveaux venus sont accueillis par leurs prédécesseurs, qui les reçoivent chez eux comme commis et qui plus plus tard leur laissent leur fonds de commerce quand ils retournent au pays. Effectivement, ces émigrants ne perdent jamais l'esprit de retour ; quand ils le peuvent, ils reviennent se fixer dans leurs montagnes et consacrent leurs économies, souvent considérables, à acheter un domaine.

Ces habitudes d'émigration favorisent singulièrement la transmission intégrale, et l'influence des traditions empêche que les arrangements de famille ne soient attaqués en justice.

Quand le procédé indiqué ci-dessus n'est pas possible, le legs par préciput de la quotité disponible par les père et mère assure au moins la conservation de la majeure partie du domaine. (Deuxième cas de désorganisation.)

Dans les plus hautes vallées, là où le travail de la terre est impossible pendant six mois, les chefs de famille quittent leur foyer à l'entrée de l'hiver pour aller exercer l'industrie de colporteurs soit à Lyon, soit dans les villes de Flandre. Chaque village, depuis un temps immémorial, envoie ainsi ses hommes dans l'un ou l'autre de ces pays. Ils partent tous ensemble et reviennent également ensemble vers Pâques. Leur retour comme leur départ est accompagné de prières solennelles.

Le pécule qu'ils ramassent dans ces courses varie de 500 à 2,000 francs et leur assure un peu d'aisance dans le reste de l'année. Les femmes les suppléent dans les soins des bestiaux et prennent même l'habitude des travaux agricoles les plus rudes.

Cette émigration hivernale est celle des chefs de maison, tandis que l'émigration à long terme au Mexique est celle des cadets et elle a lieu dès que ceux-ci ont atteint la virilité.

Le remarquable développement de l'instruction chez ces populations assure à leurs émigrants des conditions de succès supérieures.

Enfin, comme tous les pays à famille souche, cette région est une pépinière de prêtres et d'instituteurs.

§ 2. — ARRONDISSEMENTS DE DIGNE ET DE SISTERON.

Dans le reste des arrondissements de Sisteron et de Digne, ainsi que dans la partie supérieure de celui de Forcalquier, on trouve un régime différent.

La volonté arrêtée des chefs de famille est toujours de lutter contre le partage égal ; mais la désorganisation sociale, le rapprochement des tribunaux, la diffusion de l'esprit révolutionnaire rendent impossible la transmission intégrale. Ils doivent se borner à conserver le corps principal du domaine, en avantageant le plus possible l'héritier associé.

La quotité disponible est donc donnée à l'enfant qui se marie dans la maison, assez souvent dans son contrat de mariage, la plupart du temps cependant par donation portant partage.

Le père cherche souvent à augmenter la quotité disponible par des donations déguisées ; mais, dans cette région, ces actes ne sont jamais respectés par les enfants et sont déférés aux tribunaux, qui ne peuvent faire autrement que de les annuler.

L'usage des donations portant partage se répand de plus en plus. Il en est, du reste, ainsi dans toute la Provence, car, comme nous l'avons dit, le Code civil en fait presque une nécessité aux parents ; seulement, chez les paysans des Basses-Alpes, cet acte revêt un caractère moral assez relevé. Une fois arrivés à un certain âge, ils considèrent comme un devoir éminent de régler eux-mêmes leur succession, de façon à prévenir toutes discussions entre leurs enfants. Le père et la mère font généralement cet acte en commun, et les frères et sœurs consentent encore à ce que le *soutien de maison* soit avantagé du quart, mais pas au delà ; car les anciennes idées de transmission intégrale ont conservé dans ces pays un empire supérieur à celui qu'elles ont dans les départements des Bouches-du-Rhône et de Vaucluse. Dans ces partages, les parents se réservent une pension alimentaire consistant pour la plus grande part en redevances en nature ; le payement de cette pension ne souffre généralement pas de difficultés, parce qu'elle est garantie par une clause hypothécaire et parce que le *soutien de maison*, qui garde ses parents chez lui, n'hésiterait pas à poursuivre ses frères en justice. Assez fréquemment encore, le *soutien de maison* se charge du domaine, moyennant des soultes qu'il promet à ses copartageants et qui sont garanties hypothécairement.

Dans cette région, l'agriculture déjà plus riche, grâce à la vigne, au mûrier et même à l'olivier, ne s'oppose pas absolument au partage des domaines ; néanmoins elle en souffre beaucoup. Un homme d'un esprit fort distingué, M. Cotte, avoué à Digne, a présenté à ce sujet quelques réflexions fort judicieuses dans l'enquête agricole. Il a notamment insisté sur la position tout à fait inique qui était faite au *soutien de maison* qui se mariait chez ses parents, les soignait exclusivement et qui, plus tard, ne recueillait dans la succession qu'une part tout à fait disproportionnée à ses services. Son bénéfice moyen ne peut être évalué qu'à 0,40 centimes par jour, tandis que ses frères, établis hors de la maison comme artisans dans les villes ou manouvriers dans les campagnes, gagnent facilement de 4 à 5 francs par journée. Un domaine de 5,000 francs peut être présenté comme le type moyen des petits domaines de ces pays : supposons quatre enfants, la quotité disponible est de 1,250 francs, faible récompense pour toute une vie de services si peu rémunérés. En la joignant à sa part (937 fr. 50 c.), le *soutien de maison* a sur le domaine 2,187 fr. 50 c. seulement ; s'il veut le conserver intégralement, il est chargé vis-à-vis de ses frères et sœurs de soultes pour 2,812 fr. 50 c., qui l'écrasent pendant tout le reste de sa vie, malgré la frugalité et l'âpreté au travail qui distinguent ces populations.

En réalité, les enfants établis hors de la maison ont un avantage exorbitant; et il n'y a pas lieu de s'étonner que le soutien de maison soit le premier à préférer une licitation ou un partage en nature.

La situation serait réglée bien plus équitablement si le père de famille pouvait fixer lui-même les droits de chacun de ses enfants, en tenant compte des forces de son patrimoine et des services rendus par le soutien de maison. D'après l'ancien droit provençal, la quotité disponible était toujours de moitié au moins. Toute fixation légale a ses inconvénients : celle-ci, néanmoins, dans le cas que nous supposions tout à l'heure, répondrait assez aux considérations d'équité qu'un bon père de famille doit peser dans sa sagesse. Le soutien de maison aurait alors sur le domaine 2,500 francs, à titre de préciput, 625 francs pour sa légitime, en tout 3,125 francs. Il devrait encore à ses frères et sœurs 1,875 francs. C'est une forte somme, et, pour la payer, il aurait besoin d'être économe et bon travailleur ; mais enfin il pourrait, au bout d'un certain nombre d'années, liquider sa situation, et après avoir travaillé pour ses frères et sœurs, songer à travailler pour ses propres enfants (1). La loi actuelle crée ainsi fatalement un antagonisme d'intérêts entre les frères, et il n'y a pas lieu de s'étonner si, après la mort du père, tout lien de famille est rompu.

Cette partie du département envoie de nombreux émigrants dans la basse Provence ; mais, à la différence de ce qui a lieu dans la partie supérieure, c'est une émigration sans esprit de retour qui dépeuple le pays et épuise ses forces.

La pratique religieuse est fort affaiblie dans ces localités. Les passions révolutionnaires ont fait de grands ravages et troublé profondément l'harmonie sociale. Les familles sont encore fécondes, sauf dans les environs de Digne et de Valensolle, où, depuis vingt ans, la stérilité systématique commence à pénétrer.

Ces mœurs sont celles de tous les propriétaires cultivateurs. Un certain nombre de grandes propriétés existent encore ; elles sont divisées en petites exploitations confiées à des métayers qui suivent les mêmes pratiques.

---

(1) Autrefois les mariages par échange permettaient, dans certaines circonstances, de conserver le patrimoine des familles tout en établissant avantageusement les enfants. Cet usage a aujourd'hui disparu, car ces arrangements n'offrent aucune sûreté à cause des dispositions du Code qui prohibent d'une façon absolue les pactes sur succession future. On ne le retrouve plus en Provence que dans les hautes vallées des Alpes, là où la transmission du patrimoine est réglée presque exclusivement par la coutume.

Enfin, les artisans des bourgs, eux aussi, avantagent généralement l'aîné : le partage égal, même chez eux, n'est que l'exception, sauf dans la ville de Digne, où prévalent, sous l'influence de causes diverses, les idées égalitaires.

Un fait social d'une haute portée m'a été signalé par M. Cotte. Il existe une assez nombreuse classe de bourgeois ayant environ un capital de 25,000 francs, et qui, joignant au revenu de ce capital le produit d'une profession libérale ou industrielle, arrivent à vivre modestement et à élever leur famille : les garçons, en travaillant, se tirent d'affaire ; mais quant à leurs filles, élevées de façon à ne pouvoir que difficilement se livrer au travail, leur situation est très-pénible. En présence des exigences de fortune auxquelles est subordonné aujourd'hui le mariage, leur part d'héritage forme une dot insuffisante et il ne leur reste guère pour ressource que le couvent. Aussi, voit-on dans cette classe beaucoup de pères de famille leur faire passer presque tout leur avoir, pour parvenir à les marier, et cela au détriment de leurs frères. Ceci prouve que la liberté de tester n'est nullement un instrument de conservation aristocratique, qu'elle est nécessaire aux démocraties comme à tous les autres régimes sociaux, enfin, que le père de famille est le seul juge compétent de ce qui convient à la situation des siens.

§ 3. — ARRONDISSEMENT DE FORCALQUIER.

Dans l'arrondissement de Forcalquier, le régime de la famille souche est encore plus ébranlé. Un observateur fort compétent, M. de Berluc-Perussis, grand propriétaire dans le pays, a bien voulu faire une enquête locale qu'il résume ainsi :

« Le caractère dominant n'est ni celui de la famille souche
« ni celui de la famille instable. L'une et l'autre n'existent
« ici qu'à l'état d'exception. La famille se perpétue bien dans
« la même habitation ; le fils aîné est bien récompensé par son
« père de sa collaboration plus longue que celle de ses frères
« par le payement d'un remplaçant militaire, imputé sur la

« quotité disponible ; il arrive bien aussi que la dot des sœurs est « payée à l'aide de soultes. Mais presque toujours l'habitation héré- « ditaire est divisée entre les frères, d'où résultent le fraction- « nement infinitésimal et surtout l'enchevêtrement des lots.... Neuf « fois sur dix le partage en nature est la règle suivie, et il est aussi « rare de voir l'habitation se vendre que de la voir passer à un « seul..... Le côté le plus remarquable de cet état de choses, c'est « la transformation de la *bastide* en *hameau* et la juxtaposition de « plusieurs familles issues de la même souche et conservant chacune « un foyer distinct sur l'emplacement de l'ancien foyer commun. Il « est remarquable encore que ces hameaux ainsi formés portent « presque toujours le nom de la famille au pluriel et non plus au « singulier comme anciennement. On disait jadis la *Rollande*, la « *Jourdane*, l'*Armande ;* depuis que la *bastide* est devenue hameau, « on dit les *Rollands*, les *Jourdans*, les *Armands*. Il y aurait « vraiment injustice à considérer comme des familles instables des « races qui se perpétuent ainsi sur le même sol et qui gardent, il « faut le dire, religieusement le culte du foyer héréditaire ; mais « on ne saurait y voir non plus des familles souches . . . . . .
« . . . . »

Il y a là effectivement un aspect fort intéressant de la désorganisation que le Code Napoléon a jetée dans le régime des familles souches. (Quatrième cas signalé dans les *Observations préliminaires.*)

Dans une autre partie de l'arrondissement de Forcalquier, dans le canton de Manosque, il y a malheureusement à signaler un antagonisme social et une démoralisation très-grande. C'est un pays de plaine à produits très-riches et à cultures très-morcelées ; ses mœurs se rapprochent beaucoup de celles du canton de Peyrolles qui y confine dans le département des Bouches-du-Rhône ; néanmoins, l'usage de donner la quotité disponible à l'aîné s'y est assez conservé.

Au milieu de ce mélange de bonnes et de mauvaises qualités, la population des Basses-Alpes se fait remarquer par une force d'expansion remarquable. C'est le réservoir où se renouvelle et se purifie, depuis des siècles, la population de la basse Provence.

A Aix, un nombre considérable de familles de la noblesse et de la bourgeoisie sont originaires de ce pays.

A Marseille, les Bas Alpins font presque tout le commerce de détail ; et dans les campagnes, ils fournissent nombre de valets de ferme.

On les retrouve enfin en grand nombre dans les fonctions publiques de tout degré.

C'est aux habitudes de transmission intégrale qu'il faut attribuer cette force d'expansion. Quant à la dépopulation, qui marche parallèlement, elle a pour cause le poids proportionnellement beaucoup plus lourd de l'impôt (1), les défrichements inconsidérés du sol forestier, et aussi l'application même incomplète du partage égal. Effectivement, avec ce partage on voit peu à peu s'éteindre un certain nombre de feux, ce qui amène forcément la dépopulation : les domaines devenant trop petits pour nourrir une famille, sont abandonnés à la vaine pâture ou à l'action dévastatrice des torrents.

Depuis 1789 ce département a perdu 75,000 habitants.

En 1790	on comptait	 218,000	habitants.
En 1837	—	 159,000	—
En 1846	—	 156,000	—
En 1851	—	 152,000	—
En 1861	—	 146,000	—
En 1865	—	 143,000	—

et l'on ne prévoit pas le terme de ce mouvement décroissant, tant

(1) Le département des Basses-Alpes est un des plus anciennement cadastrés. Les évaluations cadastrales demeurant toujours les mêmes malgré l'appauvrissement continu du territoire, font que l'impôt devient progressivement plus lourd. Le conseil général émet chaque année un vœu en faveur de la péréquation de l'impôt foncier. Les impositions départementales croissent également à mesure que le sol est plus menacé par les torrents.

les sollicitations à l'émigration sont puissantes en présence des ravages exercés par les torrents et de la perturbation apportée au régime de la famille.

C'est en observant attentivement ces pays déshérités, qu'on reconnaît à coup sûr quels sont les éléments de vie et quels sont les éléments de destruction. Si les familles des Basses-Alpes ne retenaient pas les habitudes de fécondité, si les traditions de l'ancien régime successoral ne continuaient pas à fixer sur le sol quelques-uns des enfants, l'agriculture serait bientôt abandonnée dans une foule de cantons où la lutte contre la nature est trop rude; et ce territoire, qui régénère constamment la race inféconde des grandes villes, deviendrait une de ces vastes solitudes que le système fiscal du Bas-Empire propageait aux IVe et Ve siècles.

Malgré l'incontestable fécondité des mariages, les naissances ne s'élèvent en moyenne par an qu'à 3,872, ce qui donne *une* naissance pour 37 habitants, chiffre très-bas; mais il faut considérer que l'émigration porte surtout sur la partie valide de la population. Par la même raison, les mariages ne s'élèvent par an qu'à 1,164, ce qui ne fait qu'un mariage pour 124 habitants.

Comparée à celle des autres départements, la population des Basses-Alpes compte beaucoup plus d'adolescents et de vieillards, ce qui change absolument un des éléments du calcul duquel on déduit la moyenne des naissances. Cet exemple prouve que rien ne peut suppléer l'observation directe des faits sociaux dans leur ensemble et tels qu'ils se passent réellement. J.-B. Say l'a dit avec sa sagacité habituelle : « La statistique peut plaire à la curiosité, « mais elle ne la satisfait pas utilement, quand elle n'indique pas « l'origine et les conséquences des faits qu'elle constate. » (*Traité d'économie politique, discours préliminaire.*)

Département des Hautes-Alpes.

Ce département se trouve placé dans les mêmes conditions de climat et de culture que la partie supérieure du département précédent. Il a cependant un peu plus de ressources, grâce à une constitution plus solide du sol des montagnes, ce qui permet de donner de grands développements à l'industrie pastorale.

Les mœurs et les coutumes qui y sont suivies sont exactement les mêmes que celles de la première région du département des Basses-Alpes.

On en peut juger par la note suivante due à M. Joseph Roman, avocat à Paris, grand propriétaire dans le département, observateur très-éclairé et très-compétent.

« L'habitude la plus répandue parmi les cultivateurs des Hautes-« Alpes est de marier le fils aîné dans la maison paternelle, pour « que, comme disent nos paysans, la maison (*l'houstaou*) ne périsse « pas : généralement, toujours même, on lui donne la quotité dis-« ponible par contrat. Les parents devenus vieux, il les garde et « les entretient à ses frais et sans rémunération. Si le père meurt « avant d'avoir établi son fils aîné, il a soin dans son testament de « lui donner cette même quotité disponible, à la condition toutefois « qu'il se mariera dans la maison. Plus tard, s'il se marie, en effet, « suivant les intentions du père de famille, on insère de nouveau « dans le contrat de mariage cette donation faite jadis par le père « de famille.

« Tels sont les usages généralement adoptées dans tout le dépar-

« tement des Hautes-Alpes. Les paysans tiennent énormément à ce « que leur famille se continue, et, autant que possible, sans déchoir.

« Depuis quelques années, les partages entre vifs, presque inconnus « auparavant, ont lieu assez fréquemment. Le père de famille devenu « vieux donne ses biens à ses enfants, contre une pension qu'il « dépense dans la maison paternelle. Généralement, dans ce cas, le « fils aîné retient tous les biens immobiliers, paye la pension du père « et donne une somme d'argent à chacun des copartageants, de sorte « que les biens paternels ne sont point partagés. Cet état de choses, « excellent pour continuer la maison et prévenir les procès après la « mort du père, présente des inconvénients que tout le monde « connaît : hypothèques grevant le bien paternel, emprunts « nécessaires pour payer la pension et entraînant souvent la ruine « du fils aîné, ingratitude des enfants qui ne payent pas la pension « promise, etc. Cependant nos cultivateurs ont l'air depuis quelques « années de le préférer à tout autre. »

Ces renseignements sont confirmés, mot pour mot, par une enquête locale faite à Gap, par M. le docteur Blanc, membre du Conseil général, sur l'invitation de M. de Ribbe.

Il faut ajouter que la pratique religieuse est très-bien conservée, que la position morale de la mère de famille veuve paraît assez relevée, que l'harmonie sociale règne entre les différentes classes; que ce département fournit aux colonies et aux grandes villes de nombreux émigrants, remarquables par leurs aptitudes et par leurs qualités morales.

Sous le rapport de la population, mêmes observations encore que pour le département des Basses-Alpes. En présence des ravages des torrents et de l'appauvrissement graduel du pays, les familles sont hors d'état de supporter l'application du partage égal. La transmission intégrale du patrimoine pourrait seule assurer le maintien des domaines et des feux en donnant à un des enfants un intérêt suffisant pour cultiver la terre dans des conditions si pénibles. Aussi, l'émigration existe sur de très-grandes proportions et la population diminue sans cesse. Il faut toute sa fécondité et ce qui reste des fortes traditions domestiques pour maintenir encore un certain nombre d'habitants sur le sol.

En 1790 ce département avait.....	181,000 habitants.
En 1837 il en avait.............	131,000	—
En 1851 —	132,000	—
En 1861 —	125,000	—
En 1865 —	122,000	—

Les naissances ne s'élèvent en moyenne qu'à 3,611 par an, ce qui donne le rapport d'une naissance pour 34 habitants, et les mariages qu'à 862, ce qui ne fait qu'un mariage pour 143 habitants. Ces chiffres s'expliquent encore par le fait que l'émigration porte principalement sur la population âgée de 20 à 50 ans, qui est en état de se marier et d'avoir des enfants.

Quoique le département des Hautes-Alpes ait été formé du démembrement du Dauphiné, il n'y a pas lieu de s'étonner de la similitude de ses institutions avec celles des Basses-Alpes qui appartenaient à la Provence. Avant 1789, les deux provinces suivaient le droit romain et il n'y avait que de légères différences entre la jurisprudence des deux parlements.

Département des Alpes-Maritimes.

1° ARRONDISSEMENTS DE NICE ET DE PUGET-THÉNIERS.

Population en 1866, 129,000 habitants.

Ces pays ont conservé et conservent encore, *dans toutes les classes de la population*, le régime de la famille souche. Leurs anciennes institutions, analogues à celles de la Provence, consistaient dans le droit de Justinien complété par l'exclusion des filles pourvues d'une dot congrue. Le Code civil sarde de 1837 avait un peu modifié cet état de choses, mais en laissant toujours au père la libre disposition de la moitié de ses biens au moins et en sanctionnant les divers arrangements de famille propres à assurer la transmission intégrale. Quoique certains droits de primogéniture existassent pour les nobles et que les substitutions leur fussent exclusivement réservées, la liberté de tester était la base des institutions sociales et les paysans la pratiquaient dans le même esprit que les classes supérieures (1). Les anciennes constitutions sardes, au milieu de beaucoup de dispositions qui ne pourraient plus convenir à notre temps, avaient le mérite de faire reposer tout l'édifice social sur la famille et de ne rien négliger pour la conservation des bonnes mœurs. Sans entrer dans des détails qui n'auraient qu'un intérêt historique, on nous permettra d'en citer un trait qui caractérise l'esprit de cette vieille législation et qui nous a touché, nous l'avouons : tous les sujets sardes qui avaient DOUZE enfants légitimes étaient exempts pendant leur vie entière de toutes impositions et charges publiques

---

(1) Voir dans le tome II des *Ouvriers des deux mondes*, p. 52, une note sur le régime des successions qui était pratiqué en Savoie avant 1861.

pour leurs biens, de même que des gabelles et autres droits sur les marchandises et denrées nécessaires à l'entretien de leur famille. — En 1848 cette disposition a été abrogée.

Le régime français n'a pas encore pu détruire ces traditions ; son introduction est la source d'une foule de procès et crée peu à peu des intérêts opposés à la conservation des anciennes mœurs. Des renseignements pris auprès de personnes compétentes m'assurent que, comme en Savoie, l'ancien régime de succession est regretté par tous les chefs de famille, qui jugent la question au point de vue social et non d'après des considérations politiques plus ou moins justifiées, surtout parmi les grands propriétaires et les cultivateurs.

La population agricole de ces arrondissements est morale, religieuse, féconde et expansive; elle fournit un certain nombre d'émigrants. Elle est en somme dans les mêmes conditions et a les mêmes mœurs que les habitants des Hautes-Alpes et de la partie supérieure des Basses-Alpes.

2° — ARRONDISSEMENT DE GRASSE.

Dans les cantons ruraux, c'est encore un usage universellement suivi d'avantager du quart l'aîné des enfants. Seulement, quand il y a plusieurs garçons, la quotité disponible leur est souvent attribuée en bloc, ce qui affaiblit encore la transmission intégrale. L'enfant favorisé ainsi du quart, consent assez généralement à se marier et à vivre dans la maison paternelle, ce qui est un des principaux caractères de la famille souche ; mais on n'évite pas le partage en nature, et l'on ne voit jamais un des cohéritiers se charger de tout le domaine paternel moyennant des soultes promises aux copartageants. C'est une situation trop onéreuse pour l'héritier comme on a pu le voir par les chiffres que nous avons cités en parlant du département des Basses-Alpes, où cet usage est assez suivi. Mais les populations qui ont acquis à leurs dépens un peu plus d'expérience juridique n'ont garde de le pratiquer. Elles sont ainsi obligées de conserver l'intégrité du patrimoine.

D'ailleurs les partages d'ascendant entre vifs, qui, comme je l'ai montré plus haut, sont la conséquence inévitable de la position faite par le Code civil au père de famille dans la classe agricole, deviennent de plus en plus fréquents, et là les enfants ne consentent à aucune donation préciputaire faite à l'un d'eux. L'on va même dans ces partages jusqu'à diviser entre plusieurs ménages la propriété de l'habitation paternelle.

Les observateurs compétents signalent la désorganisation de l'agriculture et de la famille, comme la conséquence de l'application du Code.

Dans les environs même de Grasse, le partage égal pur et simple a prévalu complétement. Sans doute les influences urbaines y sont pour beaucoup; mais, de plus, la culture purement industrielle des fleurs, qui est la principale production de cette localité, n'exige nullement la constitution en domaines agglomérés. Dans de telles conditions, l'utilité de la transmission intégrale se fait beaucoup moins sentir.

Chez la bourgeoisie, le partage égal est pratiqué absolument. Cependant, dans les familles adonnées à l'industrie, un des fils prend exclusivement la direction de la maison de commerce, qui lui est comptée seulement pour la valeur du matériel, ce qui, en réalité, est un avantage considérable. Aussi voit-on ces familles prospérer et se perpétuer dans l'exercice de la même industrie.

La population de l'arrondissement de Grasse, qui était en 1837 de 66,000 habitants, était en 1861 de 68,000 habitants, en 1866 de 69,000 habitants.

En somme, elle est à peu près stationnaire; il faut attribuer cet état à une émigration continue et sans retour qui entraîne la population des campagnes vers les grandes villes; car autrement les mœurs sont bonnes et les familles fécondes; la stérilité systématique ne paraît pas avoir pénétré, si ce n'est dans la banlieue de Grasse et de Cannes.

Département des Bouches-du-Rhône.

ARRONDISSEMENT D'AIX.

§ 1. — Canton de Peyrolles.

Le canton de Peyrolles (population en 1866, 6,224 habitants), situé à l'extrémité nord-est du département et qui comprend une des plus riches plaines de la vallée de la Durance, est noté pour les progrès de la désorganisation sociale. La stérilité systématique y a déjà pénétré, et ce trait, joint à l'altération du sentiment de la famille, doit le faire ranger sans hésiter dans la région des familles instables.

Une personne très-compétente et d'un esprit fort élevé résume ainsi qu'il suit, d'après une enquête locale, les mœurs de cette population :

« Les paysans de nos contrées n'ont aucun entraînement absolu « dans les sentiments qui les dirigent relativement à la disposition « de leurs biens. Ils n'élèvent pas leurs idées assez haut pour vou- « loir agir suivant la loi ou rétroagir contre la loi, et à cet effet ils « ne font que suivre leurs penchants individuels. Aussi, les uns « disposent-ils en faveur de l'un de leurs enfants de la quotité dis- « ponible ; les autres n'en font rien, et, à vrai dire, il y en a plus de « ces derniers que des autres. Ils songent peu à tester, très-peu à « faire le partage de leurs biens entre leurs enfants. Ceux qui pro-

« cèdent à cette opération et à cette disposition sont l'exception, et « à cet égard nulle différence entre les habitants des coteaux et « ceux de la plaine. Au surplus, et c'est bien, je crois, l'esprit dis« tinctif des paysans de nos contrées, ils n'ont pas l'amour par« ticulier de la famille qui survit en quelque sorte à la mort, ils « sont de nature assez grossière, peu élevés en instruction et en « éducation, peu religieux et assez disposés à se laisser entraîner « par l'égoïsme.

« Quant aux familles, je puis répondre hardiment et sûrement « qu'elles sont moins nombreuses et moins fécondes qu'autrefois. « Au surplus, les registres de l'état civil prouvent que les nais« sances diminuent sensiblement, et cela tient non pas à la diminu« tion de la population qui reste à peu près la même dans le « canton de Peyrolles, mais évidemment à l'altération du sentiment « profond et moral du mariage. »

Cette note met très-bien en relief l'espèce de matérialisme pratique qui envahit une grande partie de nos campagnes. L'improbation dont le législateur moderne frappe l'acte éminemment moral par lequel le père règle, pour valoir après sa mort, les affaires de sa famille, me paraît avoir beaucoup contribué à affaiblir dans les populations rurales les idées d'une vie future et de l'immortalité de l'âme.

Nous devons néanmoins noter que dans deux communes de ce canton, celles du Puy-Sainte-Réparade et de Jouques, l'organisation de la famille paraît un peu meilleure. La nature du sol s'y prête mieux à la constitution en domaines agglomérés.

L'agriculture est florissante dans ce canton, grâce à des irrigations et à des conditions climatériques très-favorables. Une longue chaîne de bois et de collines le sépare du reste du département des Bouches-du-Rhône. Il est au contraire en communication fréquente avec les cantons de Pertuis et de Cadenet, dans le département de Vaucluse, et avec la plaine de Manosque, dans le département des Basses-Alpes. Ces pays forment une petite région placée dans les mêmes conditions économiques et ayant les mêmes mœurs.

§ 2. — Cantons de Lambesc, Salon, Gardanne et Trets.

Les cantons de Lambesc, Salon, Gardanne et Trets forment la partie la plus importante de l'arrondissement d'Aix (population, environ 44,000 habitants). Ils sont placés dans des conditions économiques semblables et ont à peu près les mêmes mœurs.

La composition chimique du sol, qui est peu riche, se prête mal à la culture des céréales et des plantes fourragères : elle favorise, au contraire, beaucoup celle de l'olivier, de l'amandier et de la vigne, produits très-riches, mais qui ne suffisent pas à constituer une agriculture florissante. Le territoire est donc tout entier de petite ou de moyenne culture. Un certain nombre de domaines sont possédés par des bourgeois ou de grands propriétaires, mais ils sont généralement donnés à plusieurs métayers de façon à les réduire en moyenne culture. Néanmoins, la majeure partie du sol est possédée par les cultivateurs.

Les familles de ces cantons sont nombreuses, fécondes et morales. L'harmonie sociale est généralement satisfaisante, sauf dans certaines communes où des circonstances particulières ont propagé l'antagonisme. Mais on ne voit plus qu'exceptionnellement des familles de métayers se perpétuer sur les mêmes domaines. Cette disparition des rapports permanents entre les propriétaires et les ouvriers agricoles fait perdre au métayage beaucoup de ses avantages et développe ses inconvénients. Quant à la pratique religieuse, elle va malheureusement en s'affaiblissant. Le luxe n'y a pas fait les mêmes progrès que dans le reste de l'arrondissement. Les habitudes laborieuses, sans être aussi remarquables que dans les départements des Alpes, sont cependant suffisantes.

Les faits de séduction sont rares et généralement suivis de

mariage. Les jeunes gens consentent à se marier de bonne heure et à vivre avec leurs parents. L'autorité du père est respectée, pour peu qu'il soit capable.

Celui qui s'est marié dans la maison, et c'est généralement l'aîné, en faveur duquel le père a réuni toutes ses ressources pour l'arracher à la conscription, est avantagé de la quotité disponible. On s'arrange généralement pour imputer sur le préciput et sur sa part le montant du remplacement militaire et l'habitation paternelle.

Cette disposition est faite, suivant les localités, par testament ou par partage d'ascendants. Dans ce dernier acte, les copartageants consentent encore à attribuer le quart à l'aîné, s'il reçoit ses parents dans la maison.

Cette attribution n'a généralement pas lieu dans le contrat de mariage de l'enfant, de crainte qu'ayant un droit irrévocable il ne vienne à se décharger de ses obligations vis à vis de ses parents ; on voit en cela la différence qu'il y a entre le sentiment de famille, tel qu'il est compris dans cette région, et les habitudes bien plus morales des cultivateurs des départements des Alpes.

L'attribution de la quotité disponible n'est jamais complétée par des donations déguisées ; jamais même les pères de famille qui peuvent disposer du tiers, parce qu'ils n'ont que deux enfants (par exemple un garçon et une fille), n'avantagent leur fils du tiers. Le *quart* est d'après les mœurs la limite de leur pouvoir de disposition.

On n'arrive pas à empêcher par là la division des domaines, et, du reste, les paysans ne s'en préoccupent pas : jamais l'héritier ne se charge de tout le domaine moyennant des soultes à payer à ses cohéritiers. Chacun d'eux prend sa part en nature et construit une maison sur son lot. De là, développement des parcelles, enchevêtrement des terres, constructions inutiles, toutes choses qui entravent beaucoup les progrès de l'agriculture. Cette situation correspond au quatrième cas de désorganisation des familles souches par le partage forcé.

Les *Ouvriers des deux mondes* contiennent, dans le tome III, la monographie du *Paysan savonnier de la basse Provence*, où cet état de choses est assez bien décrit. L'union du travail industriel au travail agricole a peut-être contribué plus qu'ailleurs à répandre, dans la petite commune dont il s'agit (Peynier, canton de Trets), les habitudes du partage égal. On peut voir, au surplus, par les détails donnés dans la monographie, que le caractère de la famille souche n'est pas altéré essentiellement (1).

Dans les motifs qui poussent les parents à avantager l'un de leurs enfants, il faut distinguer deux ordres d'idées distincts, suivant les localités ou plutôt les familles. Souvent les parents ont surtout en vue de s'assurer des soins dans leurs vieux jours, et alors le quart est attribué à l'enfant qui consent à se marier chez eux. Or, il est des communes où aucun fils ne veut accepter cette situation, et alors c'est plutôt une fille qui prend la charge et recueille l'avantage.

Il est au contraire d'autres localités où le fils aîné a mieux le sentiment de ses devoirs, se marie chez ses parents, et où alors la quotité disponible lui est donnée, non-seulement comme récompense de ses soins, mais encore pour qu'il soutienne plus particulièrement l'honneur du nom.

Ce sentiment est surtout répandu dans les cantons de Salon et de Gardanne, qui se distinguent l'un et l'autre par l'intelligence et la moralité de leurs habitants, ainsi que par les progrès de l'agriculture. Il y a là deux plaines très-riches, consacrées entièrement aux cultures maraîchères, par conséquent très-divisées, mais où toutes les améliorations agricoles désirables sont réalisées par la seule initiative des propriétaires.

La femme est généralement avantagée par son mari de la moitié en usufruit. Cet avantage a lieu, non pas par contrat de mariage, mais généralement après sa première grossesse, alors qu'il y a une espérance de voir la famille définitivement fondée. Souvent, une fois veuve, elle y renonce pour faciliter le partage à ses enfants et se contente d'une simple pension viagère. Les vieux parents sont bien traités.

Les paysans de ces cantons sont puissamment sollicités par le voisinage des villes à déserter la campagne, et un certain nombre de

---

(1) La *Société d'Économie sociale* possède également une monographie d'un *Paysan métayer* appartenant au canton de Lambesc, due à M. L. d'Estienne-Saint-Jean, qui donne une idée très-juste de la condition des métayers et des petits propriétaires de ces contrées.

jeunes gens embrassent les professions urbaines. Les femmes contribuent beaucoup à cette tendance en épousant de préférence des citadins. Elles comptent échanger le labeur modéré de la ferme contre les loisirs et les plaisirs de la ville : trop souvent elles y rencontrent la misère et le travail écrasant des manufactures.

§ 3. — Aix et sa banlieue.

Au centre de l'arrondissement, la ville d'Aix (population agglomérée, 22,000 habitants) pratique, comme toutes les villes, le régime des familles instables.

Sa population se compose de petits artisans, de grands propriétaires fonciers y passant l'hiver, d'hommes de loi et de fonctionnaires publics. Un petit groupe de familles adonnées au commerce et à l'industrie tend à se former et prospère assez, mais il n'a aucune habitude de transmission qui lui soit propre.

Le territoire de la ville est fort étendu et compte une population rurale de 6,000 habitants ; en y ajoutant quelques petites communes dépendant de ses deux justices de paix, on a une population de 10,000 habitants environ, chez laquelle les anciennes idées de transmission intégrale ont été complétement abolies par le contact journalier des gens de la ville.

La moitié au moins du territoire est possédée par les citadins et occupée par des métayers. Ces métayers sont honnêtes, ont de bonnes mœurs, mais sont souverainement imprévoyants, et suivent en agriculture une détestable routine contre laquelle le bourgeois propriétaire ne réagit nullement. Ils végètent toute leur vie dans une condition moyenne, et quand ils sont vieux ils se retirent dans la ville, où ils vivent des secours que leur donnent les associations charitables. Ils finissent par mourir à l'hôpital, et ceux de leurs enfants qui n'ont pas pris une profession urbaine mènent la même vie et ont la même fin.

Avant la Révolution, il y avait dans ce territoire de nombreuses familles de ménagers propriétaires, qui, grâce à la transmission intégrale, prospéraient et occupaient un rang élevé dans la constitution du pays, où ils avaient une influence bien plus grande que les classes populaires d'aujourd'hui dans le maniement des affaires communes. Il y a quarante ans, les pères de famille usaient encore de toutes les ressources de la loi pour maintenir leurs domaines. Aujourd'hui la lutte a cessé, et le partage égal s'applique avec toutes ses conséquences. Ces familles sont rejetées fort bas dans l'échelle sociale par l'effet des nouvelles mœurs ; leurs domaines sont fréquemment licités et achetés par des bourgeois, en sorte que peu à peu leurs descendants sont réduits à la condition précaire de métayers.

La quotité disponible est encore employée quelquefois, surtout en faveur de la femme, de la façon qui a été expliquée par le paragraphe précédent.

§ 4. — Cantons de Martigues, Istres et Berre.

Dans la partie occidentale de l'arrondissement, les trois cantons de Martigues, d'Istres et de Berre (population, environ 32,000 habitants) forment une région à part, différant du reste de l'arrondissement par ses conditions économiques et par ses mœurs.

Les funestes influences venues de Marseille, les habitudes de luxe, la démoralisation et l'affaiblissement du sentiment religieux produits à la suite de la révolution de 1848, ont depuis vingt ans fait passer cette contrée des bonnes habitudes des familles souches aux plus tristes pratiques des familles instables, et le mal fait tous les jours des progrès.

Un honorable notaire de Martigues décrit ainsi les habitudes de transmission de ce canton, habitudes qui sont exactement les mêmes dans les cantons voisins :

« Dans nos campagnes les paysans propriétaires usaient jadis, « et presque tous, de l'avantage que la loi leur donnait de laisser « la quotité disponible à l'aîné des fils, et le plus souvent à tous les « fils au détriment des filles, auxquelles ils faisaient une petite « dot de quelques centaines de francs, valeur de leur trousseau, et « en avancement d'hoirie ; mais, depuis quelques années, ces dis« positions de la quotité disponible en faveur des fils sont devenues « plus rares, les pères de famille se bornent généralement à laisser « à la femme survivante l'usufruit viager de la moitié de la succes« sion et à avantager les fils, en les exonérant du service militaire. « Les pères de famille qui laissent aux fils le préciput disponible, ont « moins en vue la continuation de la famille que la récompense « des enfants, qui, au lieu de se placer comme valets dans d'autres « fermes, consacrent leur jeunesse et leur travail à leur père, « jusqu'à ce qu'ils trouvent à se marier. Jadis, ils restaient assez « longtemps avec leurs parents, mais, depuis quelques années, ils se « marient peu de temps après leur majorité, et ils quittent immé« diatement la maison paternelle pour prendre une petite ferme à « leur compte ; c'est ce qui explique pourquoi aujourd'hui les « paysans laissent moins souvent la quotité disponible à leurs fils ; « il est très-rare que ceux-ci restent avec leurs parents une fois « qu'ils sont mariés.

« Le plus souvent, les paysans, une fois avancés en âge, font, par « acte entre vifs, le partage de leurs biens entre leurs enfants, en « se réservant pour eux une pension viagère reversible au profit du « survivant des père et mère ; et dans ces partages anticipés, ils « font stipuler que les sommes avancées pour libérer les fils du « service militaire ne leur seront pas comptées ; quelquefois ils « avantagent ceux-ci de la quotité disponible, mais le plus sou« vent, soit dans les donations, soit dans les testaments, ils stipu« lent que la quotité disponible ne s'étend pas sur les dots con« stituées aux filles. Dans le canton de Martigues on a la fureur des « morcellements des propriétés rurales ; chaque enfant veut sa part « de chaque propriété : c'est perdre son temps que de chercher à « leur faire comprendre que procéder de toute autre manière se« rait le moyen de ne pas déprécier les propriétés.

« Il n'y a plus dans le canton de ces fermiers dévoués, qui se

« faisaient anciennement un honneur de rester dans ces grands « domaines que leurs ancêtres exploitaient depuis des siècles ; du « reste, dans cette localité, on a morcelé tous les grands domaines « qui ont été acquis par les paysans, et les quelques-uns qui restent « ne tarderont pas à être aussi morcelés. »

L'abandon des principes qui devraient présider à une transmission intelligente du patrimoine, est la conséquence de l'altération profonde des mœurs. Des renseignements multipliés nous permettent d'insister sur ce point.

Les habitudes de luxe et le goût des danses publiques sont si prononcés que les femmes ne reculent devant aucun moyen pour satisfaire leur vanité, et les mères sont souvent les premières à donner ces funestes exemples à leurs filles. De là des faits de séduction très-multipliés, et l'opinion s'est tellement blasée sur ce point qu'ils ne sont plus suivis du mariage. Enfin, la stérilité systématique commence à être pratiquée dans quelques localités.

Les vieux parents sont assez mal traités ; ne pouvant plus faire un héritier avec lequel ils vivent, ils sont réduits à habiter successivement dans la maison de chacun de leurs enfants, qui se les renvoient de l'un à l'autre comme un fardeau incommode.

Ce ne sont pas seulement les rapports de famille, mais c'est encore l'organisation agricole qui se ressent de cette démoralisation.

On vient de voir l'esprit d'antagonisme qui préside aux partages et qui a pour effet de pulvériser le sol. Il y a plus : la profession agricole est méprisée, et les fils des paysans n'aspirent qu'à devenir des *demi-messieurs* ou des ouvriers. Il y a dans cette localité un certain nombre de fabriques, et l'on voit fréquemment de petits propriétaires laisser leurs champs en friche pour aller gagner un salaire qui leur permet de se procurer quelques plaisirs. Ils sacrifient ainsi leur avenir pour de grossières jouissances. En pareil cas la femme fait de même : elle et son mari se nourrissent de charcuterie, et le feu n'est plus même allumé au foyer. Si le sujet était moins triste et moins grave, on pourrait dire que l'abandon du pot au feu est le dernier signe de la décadence sociale.

Enfin, et pour tout dire, ajoutons que ces cantons sont constamment divisés et surexcités par des luttes électorales.

Au milieu de cette population, il faut distinguer les familles des pêcheurs, qui sont très-nombreuses à Martigues : cette petite ville est même le siége d'un tribunal de prud'hommes, patrons pêcheurs. (V. décret du 19 novembre 1859 sur la police côtière dans le 5e arrondissement maritime.)

Les mœurs des pêcheurs sont bien supérieures à celles de la population urbaine et rurale. Le sentiment de la dignité personnelle et de l'honneur de la profession est chez eux très-développé ; ils réunissent les deux qualités essentielles de la famille souche, à savoir : la pureté des mœurs de famille et la transmission héréditaire de la profession. L'honorable notaire que je citais tout à l'heure s'exprime ainsi sur ce dernier point :

« Les patrons pêcheurs ont pour principale ambition de consa-
« crer leurs économies à augmenter leurs capitaux de filets ; ceux
« qui arrivent à une position aisée se bornent à acheter une maison
« pour se loger, et une petite propriété pour aller se récréer. Une
« fois avancés en âge, ils remettent à leurs fils leurs barques et
« leurs filets, moyennant l'engagement par ceux-ci de leur donner
« une part des produits de la pêche. Le partage de ces filets se fait,
« tantôt du vivant du père, tantôt après sa mort. Généralement les
« pêcheurs ne laissent pas de fortune, parce que d'un côté la pêche
« est peu lucrative, le poisson devenant toujours plus rare, par
« suite de l'emploi d'engins destructeurs, et, il faut le dire aussi,
« parce qu'aujourd'hui les goûts et les habitudes de luxe ont gagné
« également leurs familles, et les empêchent de faire des écono-
« mies. Néanmoins ils ne manquent jamais du nécessaire, grâce à
« la Caisse des invalides de la marine, qui leur donne dans leurs
« vieux jours le pain indispensable à leur existence. »

Le régime des subventions, on le remarquera en passant, enlève peut-être en esprit d'économie ce qu'il donne en sécurité. Mais, pour cette population, il n'est que la juste compensation des charges que lui impose l'inscription maritime. Ce n'est pas ici le lieu de discuter cette institution : constatons seulement que les populations maritimes de nos côtes, avec les habitudes et les besoins desquels elle est en rapport, ne lui sont nullement hostiles, et en verraient avec peine la suppression.

Les pêcheurs de Marseille, de la Ciotat, de Saint-Tropez, de tout le littoral, en un mot, ont exactement les mêmes mœurs. Quand je les rencontrerai dans la suite de cette enquête, je demande la permission de renvoyer purement et simplement à ce qui vient d'être dit ici.

ARRONDISSEMENT D'ARLES.

§ 1er. — La ville d'Arles (population agglomérée, 17,000 habitants) pratique le partage égal purement et simplement et doit être rangée dans la région des familles instables.

Il en est de même de Tarascon, siége du tribunal de 1re instance (8,000 habitants).

Quant à la population rurale, elle pratique aussi le partage égal, et l'esprit égalitaire est tellement entré dans ses mœurs que la différence qui existe sur ce point entre les habitants de l'arrondissement d'Aix, du canton de Salon notamment, et ceux de l'arrondissement d'Arles, frappe les observateurs les plus superficiels.

L'usage du testament s'est encore maintenu et les pères de famille en font usage pour partager leurs biens entre leurs enfants ou avantager leur femme. Quand ils usent de la quotité disponible, c'est uniquement pour récompenser tel ou tel de leurs enfants, garçon ou fille, qu'ils estiment mieux méritant. Les cas de licitation sont fort rares, ce qui tient à l'étendue des domaines; en tout cas, un des cohéritiers tient à honneur de s'en charger.

La facilité relativement beaucoup plus grande avec laquelle ce pays a adopté le régime nouveau, s'explique par la constitution de la propriété avant la Révolution : la plus grande partie du territoire appartenait au clergé ou à la noblesse; la bourgeoisie, nombreuse et puissante, était renfermée dans les villes; il n'existait pas de classe bien constituée de paysans propriétaires. Cette classe ne s'est formée que depuis la Révolution et elle a naturellement adopté les lois de cette époque. Aujourd'hui encore cet arrondissement compte beaucoup plus de grandes propriétés que le reste de la Provence, toute proportion gardée.

Le régime égalitaire du Code n'y a pas produit tous les désordres qui en sont les conséquences habituelles.

Le sentiment religieux est encore bien conservé, l'harmonie sociale y est meilleure que dans toute autre partie de la Provence, l'autorité paternelle y est forte, et l'on ne voit pas, comme dans certains pays, un courant d'opinion rendre moralement impossible au père l'usage du droit de disposer que lui reconnaît encore la loi; enfin, les mœurs seraient bonnes si le luxe ne commençait à les altérer.

Cette conservation des bonnes mœurs s'explique par certaines circonstances locales qu'il convient de signaler.

Dans la population rurale, la classe la plus influente, la plus éclairée, est celle des ménagers fermiers de grands domaines, dont l'avoir personnel consiste en capitaux agricoles, principalement en troupeaux transhumants. Ils vivent largement sur leurs fermes, élèvent des familles nombreuses et mettent leurs fils à même d'être fermiers à leur tour. La division des capitaux dans ces conditions n'offre évidemment pas les inconvénients du fractionnement des domaines agglomérés.

De plus, la population est clairsemée relativement à l'étendue du territoire. Les domaines, beaucoup plus grands qu'ailleurs, peuvent être divisés sans inconvénient. Il en résulte même une plus-value agricole considérable. De loin en loin le morcellement de quelque grand domaine suffit à constituer de petites propriétés pour tout un village. Notons encore que la constitution géologique du territoire, qui consiste en vastes plaines, facilite notablement la division des domaines. La production des céréales et de la vigne, remplace alors sur ces petites propriétés l'élevage en grand du bétail.

Dans cette situation, les inconvénients agricoles du morcellement ne se font pas sentir, et les funestes résultats, produits ailleurs par la destruction des petits domaines agglomérés, sont beaucoup atténués; aussi le partage égal ne donne pas lieu à l'antagonisme social, au développement de l'esprit processif et au mépris de l'autorité paternelle.

L'absentéisme de la plupart des grands propriétaires nuit notablement à la prospérité de ce pays.

§ 2. — Cantons de Château-Renard et d'Eyguières.

Dans la partie de l'arrondissement d'Arles qui longe la Durance, dans les cantons de Château-Renard et d'Eyguières la nature du sol et la constitution agricole sont différentes. Des irrigations anciennement établies et fort bien entendues permettent aux cultivateurs de se livrer à la culture maraîchère. Ils possèdent exclusivement le territoire et la population est très-dense.

Les paysans de ces cantons étaient propriétaires bien avant la Révolution; ils vivaient sous le régime de la famille souche dans un état de prospérité remarquable. Quelque chose de ce régime subsiste encore aujourd'hui. L'aîné ou au moins les garçons en bloc sont avantagés généralement de la quotité disponible; c'est un moyen de soutenir un peu le rang de la famille, mais on ne maintient pas par là l'intégralité des domaines qui vont toujours en se fractionnant (4e cas de désorganisation des familles souches décrit aux *Observations préliminaires*). Malgré les facilités que la culture maraîchère offre au morcellement, la division forcée des héritages a pour effet d'obliger un certain nombre de cultivateurs à émigrer après s'être ruinés en essayant de vivre sur des patrimoines réduits ou obérés.

Comme dans beaucoup de localités de la Provence, le territoire se compose à la fois de domaines agglomérés et de parcelles possédées par des cultivateurs habitant les villages. On me signale deux traits prouvant la supériorité de l'organisation en domaines agglomérés. Dans les familles qui résident sur des domaines de ce genre, les enfants consentent beaucoup plus facilement à se marier chez leurs parents, et après leur mort ils attachent plus de prix à conserver dans la famille l'habitation paternelle; ces sentiments sont au contraire très-effacés chez les cultivateurs habitant le village.

Les mœurs de cette population paraissent bonnes sous tous les rapports.

ARRONDISSEMENT DE MARSEILLE.

§ 1er. — Marseille.

Cette cité ne comptait guère en 1790 que 100,000 habitants; le peuple, partagé en corporations libres dont la communauté des portefaix et celle des patrons pêcheurs nous permettent encore d'apprécier l'esprit modéré et les heureux résultats pratiques, vivait dans une aisance honnête et dans la meilleure harmonie avec les classes supérieures, sentiment qui n'excluait en rien un franc parler proverbial et une dignité personnelle très-grande.

La bourgeoisie, adonnée au commerce et à quelques industries, notamment à la savonnerie, avait assuré sa prospérité par son attachement aux institutions municipales et par une scrupuleuse probité dans ses relations d'affaires. Quant au régime de transmission des biens, elle suivait exactement le droit romain, donnait de larges dots à ses filles, mais assurait à l'aîné un préciput dans la succession et le chargeait principalement de conserver le rang et la dignité de la famille : rien n'était plus commun que de voir les frères former chacun une maison de commerce nouvelle dans l'industrie paternelle, et conserver entre eux, malgré cette concurrence, les meilleurs rapports.

Cette bourgeoisie fournissait à la noblesse de la province un certain nombre de familles dont les richesses et les bonnes mœurs relevaient le lustre et rajeunissaient le sang.

Un grand nombre de ces vieilles familles bourgeoises se sont perpétuées jusqu'à nos jours, et c'est à elles qu'il faut attribuer la conservation de cet esprit libéral qui a si grandement honoré Marseille dans ces dernières années, de cette harmonie sociale dans le sein de laquelle la liberté et l'autorité s'unissent si naturellement.

Néanmoins, on ne peut se dissimuler que la désorganisation sociale les a atteintes, et que la vieille bourgeoisie marseillaise va en perdant de son importance.

La ville compte aujourd'hui plus de 300,000 habitants, et ses anciennes familles sont complétement submergées dans un flot d'émigrants, venus de tous les pays du monde et qui sont le plus souvent sans traditions et sans principes. Elles sont non-seulement annulées par la supériorité du nombre, mais encore corrompues. Aussi le luxe et l'immoralité dévorent-ils les jeunes gens riches; le commerce tend à ne plus devenir qu'une affaire de jeu, et les entreprises industrielles perdent en solidité.

L'abandon des habitudes de transmission intégrale est pour beaucoup dans cette désorganisation. Le partage égal est pratiqué avec la plus grande rigueur, et le testament n'est plus employé que pour assurer au conjoint survivant l'usufruit de moitié. La solidité des entreprises commerciales en est directement atteinte. En effet, les maisons ne pouvant plus se perpétuer sous la même raison, les pères de famille liquident de bonne heure pour jouir de leurs revenus et laissent leurs fils sans direction et sans traditions, ce qui cause une grande déperdition de forces productrices.

Par une suite naturelle de l'extinction des vieilles maisons de commerce, les sociétés par actions se multiplient; mais trop souvent elles donnent lieu à des désordres scandaleux.

La persistance avec laquelle on suit le régime dotal dans la haute classe à Marseille est un des traits de mœurs les plus saillants; il tient à la défiance qu'inspire le caractère souvent aventureux des entreprises commerciales.

Dans la classe ouvrière, deux catégories fort distinctes doivent être signalées : d'une part, les ouvriers employés aux nombreuses industries de cette grande ville, notamment dans la savonnerie et la raffinerie des sucres; de l'autre, les pêcheurs et les ouvriers des ports.

Les premiers, généralement étrangers à l'élément indigène de la population, ne présentent rien de remarquable comme organisation sociale et ils forment pour la plupart des familles instables, travaillant dans le régime des engagements momentanés. Ils sont classés dans l'opinion bien au-dessous des pêcheurs et des ouvriers des ports; ceux-ci ne consentent jamais à s'allier avec eux.

On doit cependant noter que les traditions de patronage se sont conservées chez les fabricants de savon. Cette industrie est fort importante, et en y comprenant les industries accessoires, telles que fabriques d'huiles, elle occupe près de 20,000 personnes. Jadis les ouvriers savonniers étaient presque tous originaires de quelques communes des Bouches-du-Rhône et du Var, particulièrement de Peynier, de Trets, de Pourcieux. Ils se mariaient au village, y laissaient leur famille et y revenaient dans leur vieillesse, envoyant leurs enfants prendre leur place dans la fabrique (Voy. dans le t. III des *Ouvriers des deux mondes*, la monographie du *Paysan savonnier de la basse Provence*). Depuis que les Piémontais viennent en nombre à Marseille, on les emploie de préférence dans les fabriques, parce qu'ils sont plus vigoureux et se contentent d'un salaire moindre. Néanmoins les fonctions de contre-maître et toutes celles qui exigent une certaine intelligence sont réservées aux ouvriers indigènes, liés aux patrons par des engagements permanents et volontaires.

Les pêcheurs et les ouvriers des ports représentent, au contraire, l'ancienne population marseillaise et ont conservé à un degré éminent les bonnes traditions des familles souches, malgré les mauvais exemples qui leur viennent d'en haut. Les patrons pêcheurs sont des ouvriers chefs de métier, qui s'associent de un à quatre ouvriers vivant avec eux. Les ouvriers des ports (portefaix, acconiers, arrimeurs, calfats, tonneliers, emballeurs) sont des salariés dans le régime des engagements libres et permanents.

Les pêcheurs et les portefaix ont jusqu'à aujourd'hui conservé leurs antiques corporations, corporations libres qui sont un modèle vivant des confréries du moyen âge et n'ont rien de commun avec les corporations fermées et fiscales des derniers temps de l'ancien régime. Pour les personnes qui connaissent ces dignes gens, il ne peut y avoir de doute que leur supériorité morale est en grande partie due à leur organisation corporative. Qu'il me soit permis, à ce sujet, de renvoyer à l'exposé que M. de Ribbe et moi avons eu l'honneur de faire devant la *Société d'Economie sociale* (séance du 7 mai 1865) sur l'organisation et les mœurs des portefaix.

Les pêcheurs et les ouvriers des ports étaient jusqu'à ces dernières années cantonnés dans le quartier Saint-Jean, où un grand nombre d'entre eux étaient propriétaires de leur habitation. Ils viennent malheureusement d'en être chassés par de nombreuses expropriations, et, pour achever la dispersion de cette intéressante population, on a transféré dans ce quartier les lieux de prostitution, malgré les réclamations unanimes des habitants.

En même temps le monopole conféré à la Compagnie des Docks a porté un grave préjudice à la communauté des portefaix, et rompu dans bien des cas les rapports traditionnels qui existaient entre les négociants et les ouvriers des ports. Il est à craindre que, sous l'influence de toutes ces causes, ce groupe si important et si intéressant de familles souches ne soit promptement désorganisé.

§ 2. — Territoire de Marseille, cantons d'Aubagne, de Roquevaire, de la Ciotat (population, environ 40,000 habitants).

Par l'effet du partage égal et des causes qui ruinent les anciennes familles, les grandes propriétés constituées sous l'ancien régime ont toutes disparu; mais le nombre des domaines moyens, possédés à titre d'agrément par des bourgeois habitant les villes, va constamment se multipliant, et les paysans tendent à passer de la condition de propriétaire à celle de fermier.

Il y a cependant, dans un massif montagneux, loin de l'action de la grande ville, deux communes, celles de Roquefort et de Cereste, dans le canton de la Ciotat, où la propriété est très-morcelée, mais est restée entre les mains des paysans : là, le régime de la famille souche s'est maintenu, et lui seul, en effet, peut assurer l'existence des petits domaines. Dans les autres localités de cette région, ce régime, pratiqué autrefois par tous les ménagers, a disparu et a entraîné l'abaissement de leurs familles.

Mais ce changement de régime ne remonte qu'à une vingtaine d'années. De là, une certaine conservation des bonnes mœurs, malgré la pratique du partage égal. Ainsi les familles sont nombreuses et morales, l'harmonie sociale s'est conservée, et les pères ne craignent pas à l'occasion d'user du testament pour récompenser, selon leurs inclinations, tel ou tel de leurs enfants.

La division des petits domaines a moins d'inconvénients qu'ailleurs à cause du grand développement de la culture maraîchère, destinée à approvisionner Marseille et de certaines cultures toutes spéciales, comme, par exemple, celle du câprier, qui est la principale richesse du canton de Roquevaire, et puis, parce que les grands établissements industriels de cette contrée offrent un travail abondant et répandent la richesse autour d'eux.

Il faut signaler sur le littoral la population maritime qui pratique toujours les bonnes mœurs et les sages coutumes. La Ciotat est le siége d'un tribunal de prud'hommes pêcheurs. La Compagnie des services maritimes des Messageries impériales y a ses ateliers où sont employés près de 2,500 ouvriers. De remarquables institutions de patronage assurent leur bien-être.

NOTES STATISTIQUES POUR LE DÉPARTEMENT DES BOUCHES-DU-RHÔNE.

A. — En 1821, époque à laquelle une excellente statistique a été faite, la population totale du département était de .... 308,000 habitants.

sur lesquels Marseille comptait	117,000 hab.	}	147,000 — (1).
— Aix —	16,000	}	
— Arles —	14,000	}	

restait pour les campagnes et les petites villes .... 161,000 habitants.

(1) Nous comptons pour Marseille la population *totale*, parce que sa banlieue est essentiellement urbaine, et que les habitants sont presque tous adonnés à

En 1866, population totale du département,		548,000 habitants.
sur lesquels Marseille a. .	301,000 habit.	
— Aix a......	22,000 —	340,000 —
— Arles a.....	17,000 —	
Reste pour les campagnes et les petites villes.		208,000 habitants.

La proportion entre les villes et les campagnes est complétement changée. De plus, il faut remarquer qu'Aix et Arles sont restées à peu près stationnaires.

B. — En 1824, l'arrondissement de Marseille avait une population de..................................... 145,000 habitants.

En 1866, il en a une de.................	340,000	—
En 1824, l'arrondissement d'Aix avait....	88,000	—
En 1866, il en a une de...............	114,000	—
En 1824, l'arrondissement d'Arles avait..	75,000	—
En 1866, il en a une de...............	93,000	—

Pour apprécier la marche de cette progression, il faut rapprocher les chiffres fournis par les années intermédiaires de 1837 et 1851.

En 1837 l'arrondissement de Marseille avait	180,000	habitants.
— celui d'Aix.....................	104,000	—
— celui d'Arles...................	78,000	—

En 1851 l'arrondissement de Marseille avait	229,000	habitants.
— celui d'Aix..................	112,000	—
— celui d'Arles	87,000	—

Il y a donc à distinguer un mouvement ascensionnel général sur la population et un mouvement particulier à la ville de Marseille. Le premier mouvement tend de plus en plus à s'arrêter. L'augmentation totale de population constatée pour tout le département, de

l'industrie; pour Arles et Aix, au contraire, nous avons pris le chiffre de la population agglomérée, parce que les habitants de leurs banlieues sont essentiellement agriculteurs.

1861 à 1866, est de 40,791 habitants, sur lesquels Marseille compte pour........ 39,221 —

Reste............ 1,570 habitants, ce qui équivaut à un état complétement stationnaire pour le reste du département. Même pour Marseille, il faut tenir compte du grand nombre d'étrangers (des Italiens surtout) qui sont domiciliés dans cette ville, et qu'on n'évalue pas à moins de 40,000. En les déduisant du chiffre total des habitants, le mouvement ascensionnel de la population nationale se trouve considérablement diminué (1).

C. — *Fécondité de la population.*

En 1824, une population de 308,000 habitants donnait en moyenne 11,100 naissances, ce qui fait une naissance pour 27.83 habitants.

De 1861 à 1865 une population moyenne de 527,000 habitants a donné annuellement 15,732 naissances, ce qui ne fait plus qu'une naissance pour 33.50 habitants.

Ce qui prouve que cette diminution dans le nombre proportionnel des naissances doit être attribuée à l'altération du mariage, c'est qu'en 1824, 2,296 mariages donnaient 11,104 naissances, ce qui fait plus de 484 naissances pour 100 mariages, tandis que pendant la période de 1861 à 1865, dans l'année 1862, qui est une année moyenne, 4,101 mariages n'ont donné que 16,132 naissances, ce qui ne fait plus que 394 naissances pour 100 mariages.

Ce chiffre, quoique bien affaibli, si on le compare aux temps anciens, est encore bon, comparé à la moyenne générale de la France, où l'on ne compte que 338 naissances pour 100 mariages : cela s'explique par le nombre encore considérable de familles souches que compte ce département, et qui compensent, par leur fécondité, les effets produits par la stérilisation du mariage dans les grands centres.

(1) Le nombre total des étrangers domiciliés dans le département entier est de 45,000.

Département du Var.

ARRONDISSEMENTS DE DRAGUIGNAN, BRIGNOLLES ET TOULON.

Tout ce département pratique le régime de la famille instable. Le Code civil répond aux idées et aux sentiments des populations et il est appliqué sans rencontrer d'obstacle dans la volonté des chefs de famille.

Il peut bien y avoir encore quelques petits groupes qui aient conservé quelque chose des anciennes mœurs, comme, par exemple, les habitants du canton du Beausset (pays montagneux et isolé), comme la population maritime de Saint-Tropez, de Bandol, et des autres petits ports du littoral, mais ce ne sont que des exceptions.

Les populations rurales sont livrées au plus mauvais esprit égalitaire. Si, dans quelques localités, l'usage du testament s'est maintenu, il ne sert qu'à favoriser des préférences non acceptées par les mœurs, et il entraîne bien des procès dans les familles.

Le régime des villages à banlieue morcelée prévaut généralement avec tous ses inconvénients. L'esprit d'envie et d'égalitarisme est poussé si loin que les héritiers, non contents de morceler les champs, divisent encore entre eux la propriété de la maison paternelle par étages. Le régime dotal s'est conservé dans toute sa rigueur dans ce département; il y est aussi la source de beaucoup de procès.

L'irréligion est poussée aux plus extrêmes conséquences : les crimes se multiplient et l'antagonisme social prend des proportions inquiétantes ; il n'est guère de village qui n'ait une société secrète. Un assez grand nombre de propriétés étendues se sont conservées, mais les progrès de l'esprit révolutionnaire menacent les grands propriétaires de dangers sérieux ; déjà en 1851 ils ont été fort exposés. Cet esprit d'antagonisme n'est pas partout aussi développé, et plusieurs localités font exception sur ce point. Néanmoins, on est obligé de reconnaître qu'il est le trait dominant des mœurs sociales de ce département.

Un observateur fort judicieux, M. Raymond Poulle, avocat à Draguignan, qui a bien voulu se charger d'une enquête locale, attribue les progrès qu'a faits la désorganisation sociale dans ces populations à l'absentéisme des propriétaires éclairés, et à la défaillance des influences qui auraient dû propager les principes de moralité.

« Il faut, ajoute-t-il, établir une distinction entre les proprié-« taires cultivateurs, habitant les villes, comme Draguignan, Bri-« gnolles, Lorgues, Le Luc, Salernes, où ils forment les trois cin-« quièmes de la population (Toulon est excepté, bien entendu), et « ceux qui résident soit au village, soit au hameau, soit à la cam-« pagne. Ceux qui demeurent à la ville sont pauvres, mal logés, « obligés de perdre un temps précieux pour aller cultiver leurs « morceaux de terre, généralement situés aux confins du territoire, « et peu productifs ; leur moralité est exposée à tous les dangers « qui résultent de la fréquentation des cabarets et des lieux pu-« blics ; le contact des gens oisifs leur suggère des sentiments d'ini-« mitié ; ils payent des impôts encore plus forts relativement, et « sont exploités par les intrigants des partis politiques. Ce n'est « que dans le séjour à la campagne que les paysans conservent « leurs forces, leur bon sens pratique, la vertu de leurs filles, et « les qualités domestiques de leurs garçons ; c'est là qu'ils font leur « fortune, en concentrant leur énergie et leur sobriété (nos paysans « boivent peu de vin et mangent peu de viande), à améliorer leurs « morceaux de terre, à entretenir un peu de bétail, et à se livrer « aux diverses cultures qui réussissent sur notre sol privilégié....
« Dans les conditions morales que j'indique, le morcellement de la « propriété est une bonne chose, s'il arrive à ce résultat de multi-« plier les résidences des cultivateurs dans les champs, et de les ar-

« racher à ce séjour funeste de la ville et *même du village*, où ils « végètent dans un état continuel de pauvreté matérielle et morale, « s'ils ne renoncent pas à la profession de leurs pères. »

Il résulte de cette intéressante note que la constitution de la petite propriété en domaines agglomérés favorise singulièrement la conservation des bonnes mœurs. Nous avons maintes fois constaté qu'elle favorise non moins l'augmentation des produits du sol; ainsi donc l'intérêt moral et l'intérêt économique sont encore identiques sur ce point. Malheureusement le régime du partage égal, en détruisant les petits domaines à chaque génération, tend forcément à concentrer les cultivateurs dans les villages à banlieue morcelée. Non-seulement le domaine s'émiette en parcelles et perd de sa force productrice, mais encore sa valeur foncière disparaît pour la famille, car, comme le remarque un peu plus loin M. Raymond Poulle, le tiers des successions des paysans est en moyenne dévoré par le fisc et par la procédure, et cette moyenne n'a certes rien d'exagéré (1).

La démoralisation privée est très-grande dans ces populations, et la stérilité systématique, propagée par les conseils et les exemples de bourgeois corrompus, gagne les campagnes avec une rapidité effrayante depuis vingt ans. Les cultivateurs n'ont plus que deux ou trois enfants, tandis qu'autrefois il n'était pas rare de rencontrer dans notre forte race provençale des ménages qui avaient jusqu'à douze enfants. Aujourd'hui encore on retrouve des exemples de cette fécondité chez des familles vivant sur leurs domaines et ayant conservé la pratique chrétienne et les vertus domestiques. M. Raymond Poulle le remarque, ces familles nombreuses sont les plus prospères, et elles donnent aux parents qui n'ont pas craint d'observer la loi de Dieu un asile sûr et digne pour leurs vieux jours, tandis que les familles inféconde le refusent presque toujours à leurs auteurs.

Rien n'est plus triste, en effet, que le sort des vieux parents dans

---

(1) Voir sur ce point les instructifs aveux contenus dans l'Exposé des motifs du projet de loi *sur les ventes d'immeubles et les partages*, par M. le Conseiller d'Etat Riché.

ce département. Parfois ils passent six mois chez un enfant, six mois chez un autre, ce qui est déjà une très-triste combinaison : le plus souvent les enfants les repoussent et ne veulent pas les garder dans leur ménage. La pension qui a été stipulée lors du partage de leurs biens n'est pas payée, malgré l'intervention des bureaux d'assistance judiciaire. Aussi les cultivateurs, dans leur vieillesse, tombent-ils généralement à la charge de l'assistance publique ou privée.

La situation de la mère de famille est très-inférieure à celle qu'elle a dans les pays où les mœurs des familles souches sont encore conservées au moins partiellement. Il est rare que son mari lui lègue l'usufruit de moitié : son autorité est nulle sur ses enfants ; elle se contente d'exercer ses reprises dotales et de vivre avec un fils qui trouve encore moyen d'exploiter ses services en échange de l'abri qu'il lui donne.

Ce triste tableau moral n'a rien d'exagéré, et les faits signalés par M. Poulle m'ont été amplement confirmés par toutes les personnes qui connaissent ce département.

On doit constater que les mœurs domestiques et l'harmonie sociale sont meilleures chez les populations du littoral, dans les cantons de Toulon, d'Hyères, de Saint-Tropez, de Grémaud. Les familles paraissent fécondes, et la mère est respectée. Quand les pères de famille ont quelque raison pour avantager un enfant, ils ne craignent pas d'user du droit de tester ; tandis qu'il est des localités où la pression du sentiment public ne le leur permet même pas.

La nature a favorisé ce département des productions les plus riches. La partie qui borde le littoral réunit les cultures de l'Italie à celles de la France, et approvisionne de primeurs et de fruits recherchés Paris, Nice et Marseille ; dans l'intérieur des terres, l'olivier, l'amandier, la vigne, le chêne vert et le chêne-liége assurent aux cultivateurs des récoltes presque aussi lucratives. Cette richesse naturelle empêche l'agriculture de souffrir du morcellement, autant que dans des pays moins favorisés ; néanmoins, les hommes compétents en constatent aussi les inconvénients.

Il devient de plus en plus difficile pour les propriétaires de domaines grands et moyens de les conserver dans leur famille et même de trouver des fermiers capables. Quant aux petits propriétaires cultivant eux-mêmes, le fractionnement exagéré du sol rend la production moins lucrative, et les ruine par les efforts qu'elle exige et qui sont disproportionnés au rendement. De là, la gêne de leur existence et les calculs aussi faux que coupables qui les portent à stériliser leurs mariages.

En 1837, la population des trois arrondissements de Toulon, Draguignan, Brignolles était de 257,000 habitants; en 1851, de 290,000 habitants ; en 1861, de 315,000 habitants ; en 1866, elle est descendue à 308,000 habitants. Cette perte porte uniquement sur Toulon ; du reste, pour ne pas se faire d'illusion sur le mouvement de la population dans ce département, il importe de tenir compte du rapide accroissement de cette ville. En 1837, Toulon avait 35,000 habitants, en 1851, 38,000 habitants, en 1861, 85,000 habitants, en 1866, 77,000 habitants. La population des campagnes et des petites villes est donc stationnaire ou rétrograde depuis quinze ans. Ce n'est pas son excédant qui a ainsi accru Toulon, car cette ville a attiré un nombre considérable d'émigrants des Basses-Alpes et des Alpes-Maritimes.

Département de Vaucluse.

§ 1er. — ARRONDISSEMENTS D'AVIGNON ET DE CARPENTRAS.

Ce pays, connu sous le nom de *Plaine du Comtat*, est un des plus favorisés que l'on puisse trouver en France. La constitution chimique du sol permet aux cultures les plus riches de se succéder sans l'épuiser : aux influences fécondantes du soleil du Midi s'ajoute un système d'irrigation très-complet, établi anciennement et qui donne les arrosages à des prix fort bas. Indépendamment de la culture de l'olivier et de la vigne qui occupe les coteaux, les céréales, les prairies artificielles, les graines oléagineuses, la garance, le chardon composent les assolements.

Aucun territoire n'est mieux approprié à la petite culture ; nulle part le développement de la petite propriété n'a pu produire de meilleurs résultats et les inconvénients du morcellement n'ont dû être plus atténués. Cependant la *crise agricole* y sévit avec intensité, et, lors de l'enquête, les agriculteurs de ces localités ont fait entendre les plaintes les plus justifiées.

Il serait puéril d'attribuer un malaise aussi permanent et aussi profond au bas prix du blé ou de la garance pendant quelques années ou à la maladie des vers à soie. Ces circonstances peuvent affecter cruellement des pays peu favorisés ; mais dans la plaine du Comtat, elles sont neutralisées par la grande variété de cultures, toutes plus riches les unes que les autres.

Les causes du mal sont plus profondes : nous regrettons de ne pouvoir ici les indiquer toutes, car elles sont multiples, croyons-nous ; mais en nous en tenant à l'objet propre de ce travail, nous pensons pouvoir démontrer que la désorganisation périodique des familles et des domaines par la loi actuelle de succession est une des plus graves.

Et d'abord, la petite culture ne se trouve plus dans les mêmes conditions qu'il y a quinze ans. Nous l'avons constaté dans notre note sur l'arrondissement de la Tour-du-Pin, et chaque jour nous l'observons en Provence, une tendance économique très-marquée pèse sur l'agriculture française et l'oblige à substituer graduellement la moyenne culture à la petite. Non-seulement l'achèvement du réseau des chemins de fer a eu pour résultat de produire le nivellement entre tous les marchés de l'intérieur, mais encore la suppression des droits protecteurs vis-à-vis de l'étranger et le développement des facilités d'importation par le commerce ont établi la concurrence entre les paysans de nos cantons les plus reculés et les producteurs de la Russie et de la Hongrie. Dès lors il faut viser chez nous moins à augmenter les produits bruts qu'à diminuer les prix de revient, et pour cela il faut des moyens plus puissants qui ne sont possibles que sur des domaines plus étendus.

Cet état de choses existe d'une façon très-marquée dans la plaine du Comtat, malgré les conditions si favorables que la nature y a faites à la petite propriété. Pour s'en convaincre, on n'a qu'à suivre les concours agricoles : partout la moyenne culture l'emporte. Au concours régional de 1865, M. Henry Doniol, membre correspondant de l'Institut et grand partisan du Code civil, n'a pas craint, dans le rapport qu'il a fait au nom du jury, de signaler hautement *les écueils de la petite propriété et de la culture parcellaire*, et en conséquence, la prime d'honneur a été décernée à un domaine moyen de 41 hectares (1).

Cette opposition entre la situation nouvellement faite à l'agriculture et les institutions sociales de notre pays qui reposent essentiellement sur la petité propriété, est un des arguments les plus forts qu'emploient les partisans d'un retour au système protecteur, et il saisit d'autant plus nos populations rurales qu'elles ne peuvent réellement prendre au sérieux les vagues conseils que Paris adresse de loin en loin à la province.

Nous n'entendons certainement pas sacrifier la cause de la petite propriété au libre échange, mais nous croyons que la solution de ce délicat problème réside dans la liberté appliquée à la constitution et à la transmission de la propriété privée aussi bien qu'à l'échange international (2).

(1) Ce rapport a été publié en 1866 dans la *Revue agricole et forestière de Provence*, excellent recueil d'agronomie locale, dû à l'initiative du comice agricole d'Aix.

(2) La préoccupation causée par la situation actuelle de la petite propriété est générale, et il est tout un groupe d'écrivains qui indiquent comme remède

Sans nul doute, la condition des petits propriétaires aura toujours ses difficultés, mais nous croyons qu'avec un bon régime social ils peuvent les surmonter, et que les satisfactions morales que leur procure la possession du sol compensent ce qu'ils perdent en bénéfices nets, comparativement aux résultats donnés par des exploitations plus étendues. Mais encore faut-il que les lois civiles ne leur créent pas des difficultés supérieures à celles qui résultent de la nature des choses.

L'organisation en domaines agglomérés donne à la petite propriété toute la puissance de production dont elle est susceptible, elle évite les déperditions de temps et les défauts d'assolements qui sont ses écueils. Tous les hommes compétents sont unanimes à proclamer l'excellence de cette organisation. Or, les domaines agglomérés ne peuvent pas se maintenir avec l'application du partage forcé.

La petite propriété n'a pas été créée en France par le Code civil. Elle existait dès avant 1789, comme le démontrent les écrits d'Arthur Young; les développements qu'elle a pris depuis ont eu principalement pour cause les confiscations révolutionnaires et le partage des biens communaux. Quant au partage forcé, il détruit plus de petits patrimoines qu'il n'en a créé, et son action consiste surtout à disloquer les domaines qui tendent à se réformer, comme le prouvent les 125,000 cotes foncières, et les 267,000 parcelles qui viennent chaque année s'ajouter au cadastre, alors qu'assurément le

---

l'extension à l'agriculture de la coopération, en d'autres termes, la formation entre les cultivateurs d'associations analogues aux sociétés de production. Nous croyons inutile de discuter une idée dont l'application serait en opposition absolue avec les exigences de la vie rurale. L'association appliquée à des objets déterminés, comme, par exemple, à l'achat en commun de machines, à la vente en commun des produits, peut procurer d'excellents résultats, car alors elle groupe les initiatives individuelles, sans les énerver dans une extension de solidarité. En favorisant l'idée à laquelle nous faisons allusion, on ne ferait que préparer les voies à une intervention de l'Etat ou de la commune dans les travaux agricoles, telle que la pratiquent certains districts de l'Allemagne qui luttent contre les déplorables conséquences du régime de la famille instable. Cette intervention est une grave atteinte au principe de la propriété et est en opposition avec le progrès économique.

nombre des nouvelles familles qui se forment n'est pas si considérable. 8,500 licitations par an, des ventes immobilières s'élevant chaque année à une valeur de deux milliards, onze milliards et demi d'hypothèques grevant la propriété foncière (1), voilà le bilan du Code civil : on a bien pu dire qu'il organisait en permanence la liquidation et l'hypothèque.

En admettant l'utilité de développer encore la petite propriété, rien n'est moins justifié que de recourir à un régime juridique basé sur la contrainte.

Toute contrainte légale est un instrument aveugle qui frappe à faux la plupart du temps. La liberté atteint bien plus sûrement tous les résultats vraiment désirables.

Il y a, en effet, une grande loi économique en vertu de laquelle les intérêts privés finissent toujours par s'accommoder à l'intérêt général. Or, cette loi oblige et obligera en tous lieux la propriété à prendre les proportions exigées par les conditions locales de l'agriculture. Si la culture a besoin d'être fractionnée, le grand domaine se divisera un peu plus tôt, un peu plus tard. Si, au contraire, elle demande à être concentrée, les petits domaines finiront par se réunir. Ces évolutions économiques, quand la liberté est respectée, s'accomplissent sans secousse et sans imposer une uniformité contraire à la nature des choses.

Au lieu de cela, que fait le régime de contrainte auquel la propriété est soumise en France ?

Il morcelle à outrance là ou une certaine concentration serait nécessaire ;

Il sépare les familles des cultivateurs de la terre qu'exploitaient leurs pères, rompant une alliance qui est la condition indispensable du vrai progrès agricole ;

Enfin, dans certaines localités, il retient sur le sol plus d'hommes qu'il n'en peut nourrir, créant par là ce douloureux pro-

---

(1) Les deux premiers chiffres nous sont fournis par l'*Exposé des motifs du projet de loi sur les ventes d'immeubles*, etc., Annexes 1 et 2 ; les autres par un article de M. Raudot sur l'*Agriculture en France*, dans le CORRESPONDANT de mai 1857.

blème de la population, que l'humanité ne connaîtrait pas, si elle suivait uniquement la loi de Dieu et la liberté.

Effectivement, le partage égal, en rendant chacun des enfants propriétaire d'un lot de terre, la plupart du temps insuffisant pour le nourrir, empêche les chefs de famille, après avoir assuré le service du sol et la conservation du domaine par l'institution d'un héritier associé, de diriger leurs autres enfants vers les professions urbaines ou l'émigration, comme cela se pratique dans les familles souches. Ces propriétaires besogneux engagent contre les difficultés de leur situation une lutte fort méritoire, mais dans laquelle ils sont fatalement vaincus. Ils quittent alors les champs, après avoir vendu leurs morceaux de terre, pour aller demander à la ville un travail plus rémunérateur ; mais ils y arrivent épuisés, sans ce pécule que les familles souches donnent à leurs émigrants, et ils y deviennent presque fatalement la proie du paupérisme.

Cet état de chose se produit surtout dans les pays riches. Le département de Vaucluse en est un exemple, parce qu'en présence de la valeur exagérée donnée au sol, aucun des enfants ne renonce à prendre sa part en nature ; tandis que dans les pays pauvres (nous l'avons constaté en parlant des Basses-Alpes), ils comprennent beaucoup plus promptement la nécessité d'aller demander des moyens d'existence à l'industrie.

Cet embarras que cause la population sous un faux régime successoral, pousse trop souvent les paysans à stériliser leur mariage, et la remarque que nous venons de faire explique pourquoi ce vice se rencontre plus fréquemment dans les pays riches que dans les pays pauvres.

On nous pardonnera cette digression sur les conditions d'existence de la petite propriété, car, pour être d'un intérêt général, cette question n'en a pas moins une importance toute particulière pour la plaine du Comtat.

Les pères de famille intelligents, principalement ceux qui vivent à la campagne et se soustraient aux mauvaises influences des petites villes, font tous leurs efforts pour maintenir une étendue de terre suffisante sur la tête de celui de leurs enfants qui s'est marié dans la maison et s'est associé à leurs travaux. Ils augmentent souvent la quotité disponible par des donations déguisées ; ils cherchent principalement à réduire les filles mariées hors de leur maison à une dot d'argent, mais dans bien des cas ils ne peuvent arriver à les désintéresser faute d'un capital suffisant. Les domaines sur lesquels ils vivent sont généralement si petits, qu'ils emploient de préférence leurs économies à les arrondir, en sorte qu'à leur mort le partage en nature ne peut être évité ; les domaines s'amoindrissent ainsi de plus en plus, et la situation de la nouvelle génération est encore plus difficile. C'est une sorte de cercle vicieux qui donne au sol une valeur tout à fait exagérée par la concurrence qui s'établit entre les paysans, et qui multiplie les ventes, les hypothèques et les liquidations d'une façon ruineuse pour les cultivateurs, mais très-lucrative pour le fisc et pour les gens d'affaires. C'est aussi le plus grand obstacle à la formation d'un capital suffisant engagé sur les exploitations.

La stérilité systématique ne paraît pas avoir pénétré chez les petits propriétaires de ce pays, qui ont généralement conservé de bonnes mœurs. Ils n'en souffrent que plus du faux régime imposé à la propriété.

Sans entrer dans l'exposé de la crise agricole que nous indiquions en commençant et dont le nom seul a bien sa signification, on est frappé de voir au milieu d'une production très-riche et des habitudes de luxe qui l'accompagnent forcément, combien peu de familles de cultivateurs jouissent d'une prospérité réelle et solide.

Celles qui réussissent à se maintenir depuis plusieurs générations sur le même domaine comme propriétaires ou comme fermiers, sont dans une situation aisée, mais elles forment l'exception. La plupart des familles ne parviennent pas à conserver le foyer paternel, elles sont grevées d'hypothèques et finalement obligées de vendre. On voit alors des capitalistes étrangers à la classe rurale acheter ces domaines et se substituer à l'ancienne race des paysans propriétaires, phénomène constaté plusieurs fois déjà comme la conséquence du partage forcé (3e cas de désorganisation décrit aux *Observations préliminaires*). C'est ainsi que dans les environs de Carpentras un certain nombre de domaines moyens se forment peu à peu au profit des banquiers israélites de cette ville, qui, par des hypothèques, tiennent dans leurs mains un très-grand nombre de petits propriétaires.

Le sort de ces derniers devient alors très-misérable ; s'ils sont encore en âge, ils émigrent ; s'ils sont vieux, ils sont négligés par leurs enfants appauvris comme eux, et tombent à la charge de l'assistance publique.

Le morcellement, poussé à ces limites extrêmes, est non moins contraire aux intérêts de l'agriculture qu'à ceux de la famille. On en a une preuve frappante dans les environs de Carpentras, où les petits propriétaires sont obligés de se louer les uns aux autres leurs parcelles, pour arriver à constituer des exploitations de 4 ou 5 hectares, sur lesquelles l'emploi de la charrue soit possible, et où l'on puisse élever quelques têtes de bétail ; mais alors tous les avantages de la petite propriété disparaissent.

§ 2. — ARRONDISSEMENT D'APT.

Canton de Cadenet.

Ce canton, situé dans la fertile vallée de la Durance, jouit d'une grande richesse, mais il en perd en grande partie les fruits par les mauvaises mœurs, provenant du régime de la famille instable. Il se trouve à peu près dans la même situation économique que la plaine du Comtat. Pour en citer un exemple, la commune de Cadenet, pour 700 propriétaires environ, compte près de 5,000 parcelles toutes distantes les unes des autres. Cela fait en moyenne sept parcelles par propriétaire. On m'a cité comme très-fréquents les deux cas suivants : un propriétaire, ayant environ 35,000 francs en terres, a vingt-neuf parcelles. Un autre, dont la fortune est de 6,000 francs, a huit parcelles, et ces parcelles n'ont souvent que 3 mètres de large sur 150 de longueur, ce qui rend impossible le travail des animaux.

En même temps que la désorganisation agricole, l'antagonisme social se développe, la pratique religieuse se perd et les mœurs se corrompent de plus en plus. Dans quelques communes, c'est une industrie pour les filles d'avoir des enfants et d'aller nourrir. Après avoir ramassé une dot de cette façon, elles trouvent à s'établir avantageusement.

§ 3. — CANTON DE CAVAILLON (ARRONDISSEMENT D'AVIGNON), CANTONS DE GORDES ET DE BONNIEUX (ARRONDISSEMENT D'APT).

Ces trois cantons, séparés des précédents par une chaîne de montagnes appelée le Luberon, forment un groupe à part où le régime de la famille souche est en honneur et en vigueur autant que le permettent les lois actuelles.

Les pères de famille dans toutes les classes de la population (propriétaires résidants, ou propriétaires cultivateurs grands ou petits) attribuent toute la quotité disponible à l'aîné et lui font même passer de la main à la main tout ce qu'ils peuvent. Les filles sont réduites à une simple dot, et la chose est parfaitement acceptée.

Depuis quelques années, on tend à attribuer collectivement à tous les garçons la quotité disponible et non plus seulement à un seul d'entre eux, ce qui affaiblit singulièrement la transmission intégrale.

On n'obtenait, du reste, pas complétement ce résultat ; car depuis la Révolution, il n'est plus d'usage de laisser tout le domaine à l'héritier associé. Celui-ci se borne à prélever sa part et le préciput; les cadets prennent leur part en nature ; de là démembrement des domaines, et au bout d'un certain temps morcellement des exploitations.

Les mœurs de cette population sont excellentes au point de vue des rapports de famille, de l'harmonie sociale et de la pratique religieuse. Le luxe n'a pas encore pénétré dans ces cantons, dont les produits sont cependant fort riches. Le canton de Cavaillon notamment jouit d'une grande prospérité agricole.

§ 4.— CANTON D'APT, CANTON DE PERTUIS, CANTON DE SAULT (ARRONDISSEMENT DE CARPENTRAS).

Ces cantons ont assez conservé les mœurs des familles souches. Les garçons y sont généralement avantagés le plus possible, et les mœurs sont encore assez bonnes pour que les fils consentent assez souvent à se marier dans la maison de leurs parents. Quand cette combinaison de famille peut se réaliser, c'est un avantage pour tous, pour l'héritier d'abord à qui, lors du partage fait par le père, ses frères et sœurs consentent à attribuer le quart à titre de compensation, puis pour les parents qui ont un asile assuré, tandis que quand ils n'ont pas réussi à marier un de leurs fils chez eux, ils ne peuvent pas bien souvent se faire payer la pension qu'ils ont stipulée. La situation des vieux parents est d'autant plus précaire, qu'ils n'ont aucun moyen de revenir sur le partage anticipé qu'ils ont fait de leurs biens, même en cas d'ingratitude notoire de leurs enfants. Le territoire de ces cantons est formé par les dernières ramifications du Luberon et du Ventoux. La nature montagneuse du sol contribue à maintenir l'organisation en domaine aggloméré. Cette influence est surtout sensible dans le canton du Pertuis, où la partie du territoire qui est située dans la vallée de la Durance et qui est arrosable se morcelle indéfiniment, tandis que les habitants des communes de la partie supérieure du territoire se rapprochent davantage de la transmission intégrale. Une observation analogue a été faite plus haut pour le canton de Peyrolles (Bouches-du-Rhône).

Depuis environ vingt ans les familles de paysans propriétaires perdent beaucoup en stabibilité et en fécondité. Les personnes du pays que j'ai consultées s'accordent à signaler le régime du partage forcé, comme la cause des sentiments qui poussent les paysans à stériliser leur mariage.

§ 5. — ARRONDISSEMENT D'ORANGE.

M. E. Helme, qui a bien voulu se charger de cette partie de l'enquête, résume les renseignements qu'il a recueillis en classant cet arrondissement dans la région des familles souches et en renvoyant purement et simplement à la Note qu'il a rédigée sur le département de la Drôme. L'état social y est exactement le même, et se rapporte assez bien aux 2e et 4e cas décrits aux *Observations préliminaires*.

La population du département de Vaucluse présente les mouvements suivants :

En 1837	elle est de........	246,000	habitants.
En 1851	— de........	264,000	—
En 1861	— de........	268,000	—
En 1866	— de........	266,000	—

Depuis quinze ans elle est stationnaire. Dans certaines localités, il y a une notable émigration vers Marseille et les centres industriels du Midi.

Ce département a été formé de pays d'origine diverse, de l'État d'Avignon et du Comtat Venaissin (chef-lieu Carpentras), appartenant au pape, de la principauté d'Orange, dépendant en dernier lieu du Parlement de Grenoble, d'une partie de la Provence (aujourd'hui arrondissement d'Apt). Mais cette diversité d'origine n'a pu influer sur les différences que l'on signale aujourd'hui, car le régime de la famille souche régnait également dans tous ces territoires.

Quoique j'eusse restreint mon enquête aux départements de l'ancienne Provence, j'ai été amené cependant à recueillir quelques renseignements sur une partie importante du département du Gard.

Département du Gard.

ARRONDISSEMENT D'UZÈS.

Population en 1866, 86,000 habitants. — Est tout entier un pays de famille souche. Les paysans cherchent encore à *faire un héritier* et retiennent dans leur langage cet ancien terme juridique. Ils donnent à l'aîné la quotité disponible et s'efforcent de l'augmenter par des donations déguisées.

Il n'y a d'exception à cette pratique que dans le petit canton de Villeneuve-lès-Avignon, qui n'a guère que 7,000 habitants et dont le territoire était, avant la Révolution, entièrement occupé par les biens de mainmorte. La confiscation révolutionnaire y a créé la propriété des familles, et naturellement les paysans ont adopté les lois de cette époque. Le régime dotal est généralement suivi, mais les pères de famille lèguent très-souvent l'usufruit de moitié à leur femme.

Paris, imprimerie Paul Dupont, rue de Grenelle-Saint-Honoré, 45.

www.ingramcontent.com/pod-product-compliance
Ingram Content Group UK Ltd.
Pitfield, Milton Keynes, MK11 3LW, UK
UKHW021217230726
13926UKWH00003B/1073